2025年の大崩壊

The Great Collapse of 2025

トランプが恐ろしい
世界を作り出す！

浅井隆

第二海援隊

プロローグ

トランプ再登板は、大波瀾《はらん》の前兆である!!

（浅井 隆）

二〇二五年は、壮大なターニングポイント

いよいよ、あの二〇二五年がやってくる。そしてあのトランプが、世界最大の軍事力と経済力を持つアメリカ合衆国を好き放題に操《あやつ》る〝ならず者〟として再登場してくる。やはり、二〇二五年はあなたにとって忘れ難い年となるに違いない。しかも、それはトランプのせいだけではない。

なぜか⁉ そこにはもっと大きな理由が存在する。

一つ目は、「四〇年周期」(二二一〜二二三ページ参照)というやつだ。教科書にはまったく出てこないが、日本の近現代史(ペリーが日本にやってきて以来の時代)には、不思議なパターン性がある。幕末という大混乱のどん底から日本は立ち上がり、四〇年かけて坂道をかけ上がり日露戦争勝利(一九〇五年)というピークに到達する。その象徴的出来事を経て、次は真っ逆さまに坂を転がり落ちて次のどん底(太平洋戦争敗戦・一九四五年)に到達する。その間は

ちょうど四〇年だ。そして戦後のドサクサを経て、復興から高度成長へと世界が目を見張る大発展を遂《と》げ、一九八五年のプラザ合意で次のピークに到達する。しかし、そこで二度目の勘違いをし、バブル崩壊から失われた三〇年を経て現在に至る。そして、ちょうど四〇年目のどん底が、来年の二〇二五年というわけだ。

二つ目の理由は、なんと私たち人類の〝活動の源〟とも言える太陽にまつわる大問題だ。太陽表面が大規模な爆発を起こす「太陽フレア」の活動が、一六〇年振りにすさまじいレベルに達しようとしているのだ。ちょうど日本の幕末にあたる一八五九年に観測史上最大の太陽フレアが発生して、ヨーロッパおよび北米全土の電報システムが停止し、電信用の鉄塔から火花が飛び散ったという。今、まさにその時と同じくらいの大きさに黒点群が成長しており、二〇二五年に人類活動に対して猛威を振るうというのだ。一八五九年と違い、すべてが電気で動きＩＴその他で電子化された現代社会は、とんでもない被害に襲われる可能性がある。世界中で大停電が発生する、航空機が次々に墜落する、スマートフォン（以下スマホ）やネットがまったく使えなくなるなどの可能性がある。最悪のケースとして、経済活動のほとんどが停止する。

三つ目の理由は、「巨大天災の発生」だ。その中でも特に注意すべきは、「富士山大噴火」「首都直下型大地震」「南海トラフによる巨大津波」だ。実は今から一一〇〇年前の貞観《じょうがん》年間（平安時代）に、インド洋大津波、東北大地震と津波、富士山大噴火そして南海トラフによる巨大津波が、短期間（わずか数十年の間）にたて続けに起きた。今回も、それとまったく同じことが起こりつつあると専門家は指摘する。あと起きていないのは「富士山大噴火」と「南海トラフ」で、これが近日中にやってくる可能性が高まっている。

そして四番目の理由こそ、「日本国政府の借金の問題」だ。地球上の一九六ヵ国中、日本は世界第二位のとんでもない借金を政府が背負っており、いまだに増え続けている。ＧＤＰ（国内総生産）比の借金の残高は二五七％で、太平洋戦争末期（昭和一九年）の二〇四％を抜いて明治維新以降、最大最悪である。現在の天文学的借金はもはや返済不可能で、すべてが手遅れと言ってよい。いつ爆発するかわからない「時限爆弾」と言ってよい。そして、太陽嵐（フレア）を含む巨大天災が日本経済に大被害を与えれば一瞬で財政は破綻し、国家破産という大災害がやってくる。

いずれにせよ、二〇二五年は私たち日本人にとって壮大なターニングポイントとなることだろう。それを〝第三の黒船〟として日本人が危機意識に目覚め、覚悟を決めて次の時代を切り拓くようであれば、やがて明るい夜明けがやってくるはずだ。ただし、その前に私たちは相当の苦難を覚悟しなければならない。そして、二〇二五年から三五年に亘る一〇年間は「激動の時代」として、私たちの記憶に刻まれることだろう。

この混乱と国家破産の時代を生き残るには、事前の準備が必要だ。その準備を万全なものとするための情報と予測が、本書にすべて書かれている。本書を元に生き残りを図り、あなたの輝かしい未来を切り拓いていただきたい。

二〇二四年一〇月吉日

浅井　隆

2025年の大崩壊──目次

第四章　世界最大の借金（GDP比二五七％）が爆発する日

エピローグ

※注　本書では一米ドル＝一四四円（当時）で計算しました。

第一章　四〇年周期が示す二〇二五年どん底説

我々は、我々の歴史の中に我々の未来の秘密が
横たわっているということを本質的に知る（岡倉天心〈思想家、文人〉）

再びトランプが覇権大国のトップとなった世界

歴史とは、巨大なパターン性（周期性）と様々な不思議な符合（偶然や必然）が織りなす壮大な物語である。人類の歴史のすべてが解き明かされているわけではないが、それでも重要ないくつかのポイントを押さえて俯瞰《ふかん》して行くと、その巨大な周期の流れが、まるで運命に定められているかのように厳然と横たわっていることがわかる。

そうした歴史の流れ、符合、偶然そして必然の中で今回トランプ大統領が再登場した。第一次世界大戦後から第二次世界大戦にかけて、ドイツではヒトラーが、イタリアではムッソリーニが、ソ連にはスターリンが台頭し、巧《たく》みな言説で民衆を欺《あざむ》き、時に暴力で弾圧して独裁政治を布《し》いた。トランプ大統領は（今のところ）真の意味での独裁者ではないが、国民にわかりやすい言葉を巧みに操り、不満心理に突き刺さる過激な主張を展開する手法は彼らによく似ている。

そうした人物が、アメリカ合衆国という覇権《はけん》大国のトップにのぼり詰めた。この事実は、巨大な人類史においても極めて重大な意味を持つかもしれない。これから彼がアメリカを主導する四年の間に何をするのか、プーチンや習近平がこれにどう打って出るのか、大いに見物である。

これら大国間のかけ引きに加えて、インド、中東も大きな変動要因として加わってくるだろう。こうした世界の激烈なダイナミズムの「大波」に、果たして政権基盤が弱体化した日本の石破首相は耐えて行けるのだろうか。私たちは今まさに、極めて重大な局面に到達しているのだ。

そこで本章では、人類史、さらに日本史における壮大な歴史のパターン性を確認し、私たちの生き残りのよすがとして行きたい。

過去を知れば未来が見える

「未来を知る」ことは、人類の永遠の夢である。有史以来、人間はあらゆる方法で未来を予測する方法を模索《もさく》してきた。古代メソポタミアの占星術から始まり、インドで生まれた手相や中国の易占《えきせん》などは、まさに人が自らの運命を知るための方法として発展した。もちろん個人だけではなく、国家や社会、天災などの自然環境についての未来を知るための方法も発展した。「神のお告げ」と呼ばれる神託《しんたく》や、平安時代に隆盛を誇った陰陽道《おんみょうどう》などはその代表例である。時にそれらは国家的プロジェクトとして執《と》り行なわれ、現在の「占い」とは比べものにならないほどの重要な影響力を持っていた。

しかし近代に入ると、科学技術の進展によりこうした「占い」の類《たぐい》は軽《かろ》んじられるようになった。科学技術がもたらした「便利」「安全」などの物質的な恩恵《おんけい》によって、人々はそれまでの神秘主義的な思想を打ち捨て、科学技術の根幹となる合理主義的な思想に鞍替《くらが》えして行った。その結果、科学的根拠に乏しく、属人的《ぞくじんてき》であったり、あるいは如何様《いかよう》にも解釈可能な「あいまいさ」がある占いは、信用に足らぬものとみなされるようになったのだ。

では、人々に物質的な豊かさをもたらした科学技術と、その根幹である合理主義哲学が「未来を知る」という人類永遠の夢を叶《かな》えたのかと言えば、残念ながらそうはならなかった。たとえば、今からおよそ一〇〇年前、大正時代に「百年後の日本」を予想する大特集を組んだ雑誌があった。政教社が出版する言論誌『日本及日本人』の春季増刊号で、当時の学者や思想家、実業家らの知識人四〇〇名近くからの回答を元に作られたものだ。詳細は割愛するが、その内容の多くは「当たらずしも遠からず」程度のものだった。五〇年前の一九七〇年、大阪万博が開催された際にも未来の社会がどのようなものかという予測が出されたが、これまた「当たっている」とは言いがたいものであった。

結局のところ、科学技術は「よりよい未来を創る」ことはできても、「未来そのものを知る」手立てには成り得なかったわけだ。

では、未来を知ることがまったく不可能なのかと言えば、そうではない。特定の分野では、適切な方法を用いて将来をかなり正確に予測することが可能となっている。たとえば、ある国の人口の推移は人口動態統計からかなり正確に予測できる。人口はその国の経済力を推定する極めて大きな要素であるから、将来の国力がどうなるかを、かなり正確に予測できる。

そして、実はあまり知られていないが「国家および社会、経済」の未来も、かなり正確に予測が可能なのだ。一見して極めて複雑で、未来予測など到底かなわないと思われるかもしれないが、適切な方法を用いればかなりの精度で未来に起こるシナリオが予測できるのだ。実際、私は「経済ジャーナリスト」として「あるもの」を用いて長年日本の将来や世界経済の先行きなどを予測し、いくつかの重要な予測を的中させてきた。

では、未来を予測するための重要な「あるもの」とは何か。もったいぶらずに明かそう。それは「歴史」だ。歴史の中には、未来を見極めるためのヒントが多く隠されている。国家や社会、文明は、その時代を生きる人間たちによって紡《つむ》ぎ出され、それが堆積《たいせき》して歴史となって行く。有史以来、人類は先達《せんだつ》の叡《えい》智《ち》の上にさらなる発明や発見を積み重ね、より高度な文明を生み出してきた。

しかし、文明や科学技術の飛躍的発展に比して、人間の本質的な部分については驚くほどに進化していないことがわかる。それは、歴史を振り返れば明らかだ。あらゆる国家が失敗し、戦争は繰り返され、民《たみ》は蹂躪《じゅうりん》され苦しんできた。その内実をつぶさに見て行けば、どんな時代、どんな民族であっても、人は驚くほどに似たような成功と失敗を繰り返しているのだ。

逆に言えば、そうした「歴史の必然」とも言うべき流れを理解していれば、現在から未来を見通すことが可能になる。歴史上の出来事は、いずれもそれ自体が唯一無二《ゆいいつむに》の出来事のように見えて、実は枝葉を落として本質に迫って見てみると意外なほど単純で明確なパターン性があることがわかる。

後ほど具体例を紐解いて見てみるが、国家や文明の栄枯盛衰《えいこせいすい》には一定のパターンがあるのだ。それを今の時代に当てはめてみると、次にどのようなことが起きるかを予測できるというわけだ。今、私たちがどんな状況にあるか、歴史のパターン性をふまえて俯瞰することで、これから先に起きることは歴史がヒントをくれるのだ。そうした観点で日本を見てみると、実は今の日本には、目前に「どん底」の未来が待ち受けていることも即座にわかるのである。

歴史とは、それまで人類が文明、国家の栄枯盛衰を通じて経験したあらゆる

歴史の重要性

**過去を読み解くと
未来がわかってくる**

**過去のパターンがわかると
未来を予測できる**

**すべての人類の成功・
失敗の例・教訓・事例が
歴史に書かれている**

＝

**歴史は
人類の宝**

成功や失敗、生々しい事例とそこから得られるかけがえのない教訓の集大成である。私たちが先の見通しづらい時代を生き抜くにあたって、この人類の「宝」とも言える貴重な財産を活用しない手はないはずなのだが、しかしほとんどの人々は歴史の重要性や意義を知らない。逆に言えば、少しでも歴史を学び、そして歴史の中から物事の本質を学んで行ければ、それだけで他の多くの人々に先んじることができ、困難な時代を生き残る可能性は飛躍的に高まる。

さて、ではいかにして歴史から重要な本質を学び取るのか。ただ漫然と歴史の教科書や書籍を読んでいるだけでは多くを学ぶことはできない。なぜなら、そうした文献は情報の羅列《られつ》に過ぎないからだ。現在まで連なる歴史を俯瞰し、パターン性や法則性を見出すこと、それこそが歴史を「智恵」として活用するために最も重要な着眼点だ。

そして、実はこの着眼点で人類の歴史を見直すと、極めて重要な二つの光明(パターン性)が見えてくる。それこそ「四〇〇年周期」と「八〇〇年周期」だ。これらは教科書や普通の歴史書にはまず載っていないが、極めて重要な意味を持つ。おそらく、これを深く知ることであなたの運命も大きく変わるだろう。なぜか。それによって日本の未来がどのようなものなのかがわかり、世界がどのように変化して行くのかを知ることができ、そうした変化にいかに対処して生き抜くかを考えることができるからだ。

日本の歴史に横たわる「周期性」

今から十数年前、私は日本の歴史にある周期性を発見した。それは、「日本の発展と衰退がおよそ四〇年で一巡する」というものだ。この周期性は、日本が近代国家に変貌《へんぼう》した明治維新から今現在まで続いている。そしてこの周期性に従えば、日本は二〇二五年にどん底を迎えることになることがわかる。実際にはピンポイントでその年が最悪なのではなく、象徴的な事態が起きてそれから数年（場合によっては一〇年以上）に亘って、深刻かつ重大な状況が続くことになるだろう。では、その驚くべき周期性について具体的に見て行こう。

80年）パターンで動いている

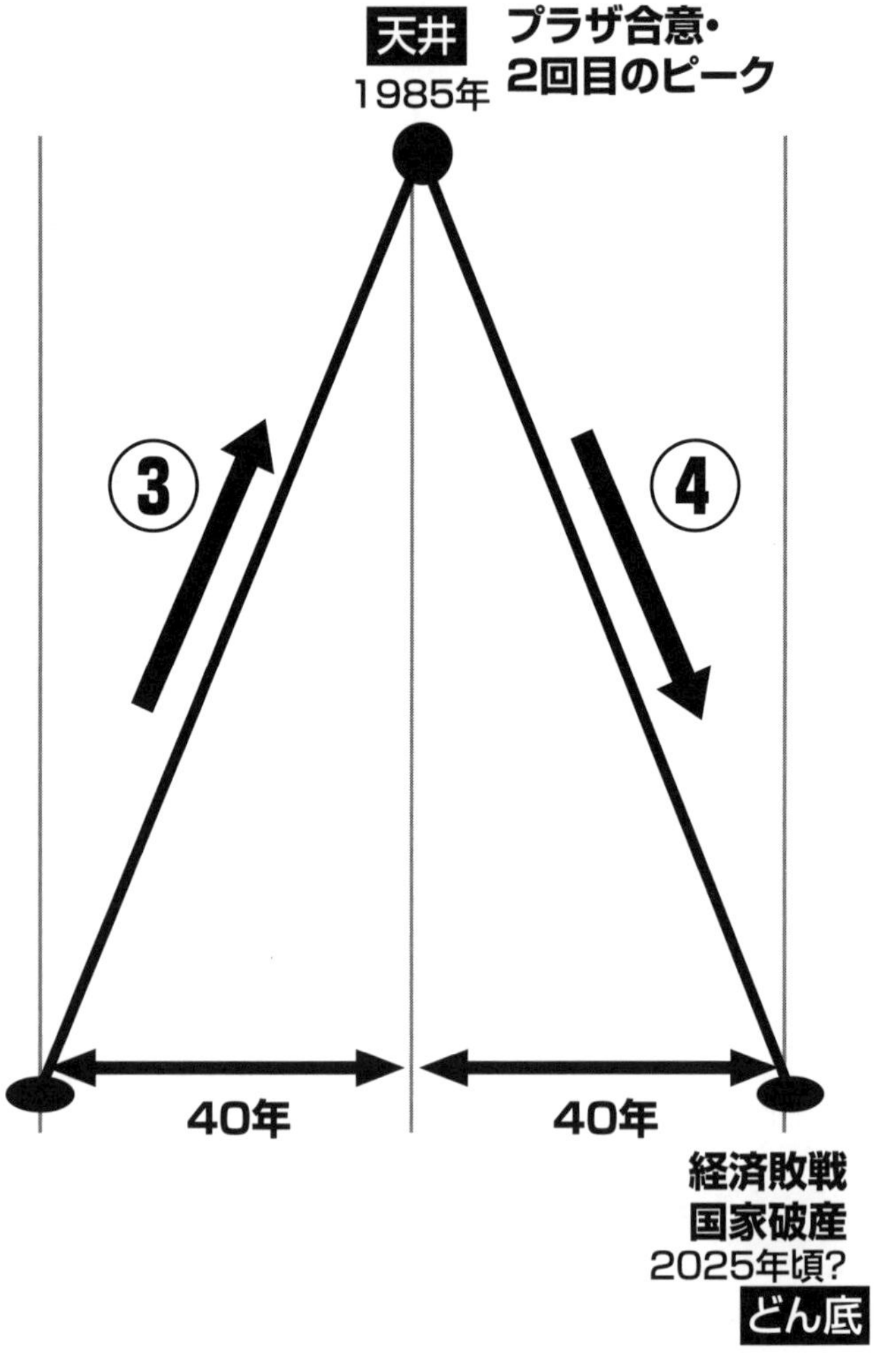

近現代日本は40年（または

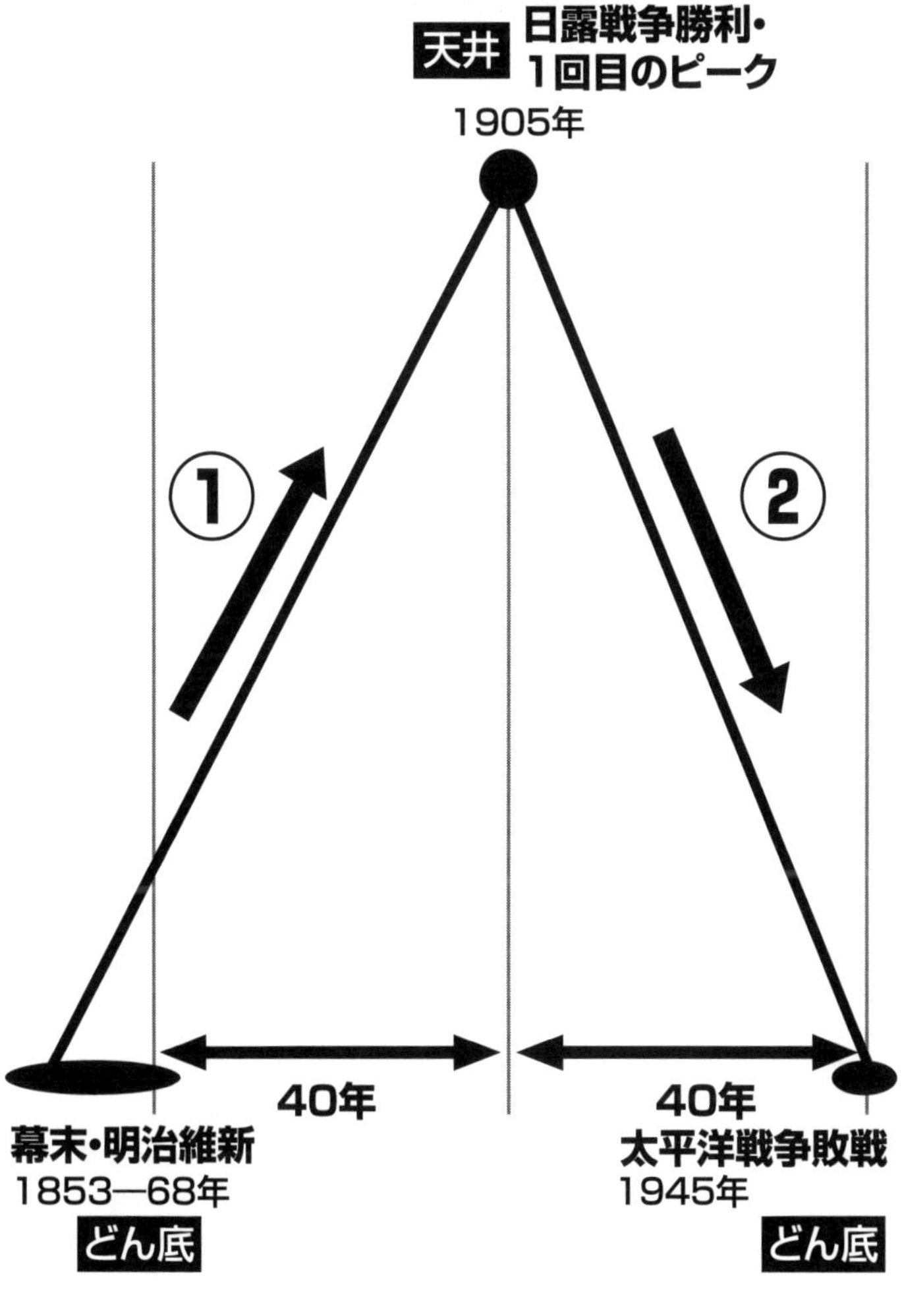

①明治維新のどん底から日露戦争勝利の栄光まで

近現代日本の四〇年周期の、始めの起点となるのは「幕末」だ。時系列を追って主だった史実を簡単に見て行こう。一八五三年、ペリー率いるアメリカ海軍の艦隊が浦賀《うらが》に来航、江戸幕府に開国を迫った。それまでも開国を要求する外国船はたびたび来航していたが、ペリーは本格的な艦隊を連ね、恫喝《どうかつ》外交で開国を要求した。列強の圧倒的な軍事力に対抗する力がない江戸幕府は、一八五四年に日米和親条約を締結して開国に応じると、その後イギリス、ロシアとも和親条約を交わした。この大事件をきっかけとして、二〇〇年余り維持してきた幕藩《ばくはん》体制は揺らぎ、日本国内は混迷《こんめい》を深めて行った。

もちろん、列強の外圧に屈したことが江戸幕府崩壊の直接要因ではあるが、実はすでに幕府の命運は尽きかけていた。本来、戦闘集団である武士を平和な時代に大量に抱えることは、幕府や諸藩にとって大きな経済的負担であった。さらに参勤《さんきん》交代や天下普請《てんかぶしん》（幕府が諸藩に命じた公共事業）は藩の財政を疲弊《ひへい》させた。一八世紀後半になると、気候変動の影響からたびたび凶作に見舞われ、飢饉《ききん》が起きた。食い詰《つ》めた民衆は、武力行使や放火といった暴力的な方法で不満を爆発させるようになって行った。経済的に疲弊し、民心が離れた幕府は、立ち枯れた巨木のようなありさまだったわけだ。

さて、列強諸国によって開国すると、日本国内にインフレの嵐が吹き荒れた。その大きな要因は、日本からの「金《きん》の流出」だ。これは通商条約の致命的欠陥に幕府が気付けなかったことが原因だったが、国内外の金《きん》銀比価《ひか》に極端な差があったにも関わらず、非常に不利な比率で日本の小判と海外の銀貨を交換する取り決めとしたことで、外国商人が日本の小判に群がったのだ。

あっという間に国内の金《きん》を安い銀に交換させられ、慌てた幕府は金《きん》の流出を食い止めるべく金《きん》品位の低い小判を製造するものの、しかしこれが仇《あだ》となる。低品位の新しい小判はその価値が低いとみなされ価値が暴落。その結果、物価がみるみる高騰したのである。このインフレによって、一般庶民《しょみん》や旗本、町人などの多くが貧困にあえいだ。その一方で諸外国との貿易が活発化し、その恩恵に浴《よく》した一部の商人などは大いに潤《うるお》った。日本は、「ごく一部の金持ちと大多数の貧乏人」という典型的な末期的状況に陥ったのである。

悪い時には悪いことが重なる。ペリー来航の翌年となる一八五四年、南海トラフ沿いを震源とする「安政大地震」が発生し、東海、近畿、四国にいたる広範囲に被害がおよんだ。さらに一八五五年には「安政江戸地震」が発生、江戸市中に七〇〇〇人以上とも一万人以上とも言われる死者が出た。

外国人の流入は、新たな伝染病をもたらした。一八五四年と五七年にはインフルエンザが大流行、さらに一八五八年にはコレラが全国的に流行して人々を恐怖に陥れた。コレラの爆発的流行で、江戸だけでも一〇万人（一説には三〇万人）の死者が出たという。外国を受け入れたことを契機として、経済混乱、天変地異、謎の疫病《えきびょう》と災厄《さいやく》が次々と人々に降りかかってきたのだから、「外国を排斥《はいせき》し、天皇を復権させよう」という思想が大きく力を得て行ったのも無理はない。この「尊王攘夷論《そんのうじょうい》」は思想の源流こそ水戸藩にあったが、実際に主導したのは長州・薩摩の両藩である。

なお、よそ者を排斥しようという運動は、この時期のあるいは日本に固有のものではない。翻《ひるがえ》ってみれば、現代においてもまったく同じことが起きている。ヨーロッパでは、中東やアフリカからの移民によって社会が混乱し、治安の悪化が顕著《けんちょ》となっている。移民排斥を訴える極左や極右の勢力が台頭し、社会の空気は排他的で狭隘《きょうあい》なものとなった。日本も他人事ではない。不法に滞在する外国人による様々な事件や犯罪、またそこまで行かなくとも治安の悪化や風習の違いによる日常生活での衝突などが起き、各所で「外国人は出て行け」という声が上がり始めている。時代が変わっても、人々は「よそ者」に決して寛容になれないものなのだ。

さて、歴史に話を戻そう。幕府と攘夷派の闘争は、時を経るごとに苛烈《かれつ》さを増して行った。一八五八年、大老・井伊直弼《いいなおすけ》が攘夷派の大名や公卿《くぎょう》、武士たちを弾圧（安政の大獄）すると、攘夷派はいよいよ強硬策《きょうこう》に打って出る。一八六〇年、井伊大老を桜田門外で暗殺（桜田門外の変）すると、一八六二年には薩摩藩士がイギリス人を切り殺すという事件（生麦《なまむぎ》事件）を引き起こす。そして、一八六三年には薩摩藩が列強イギリスを相手に戦争を始めた。列強の圧倒的な軍事力に手痛い敗北を喫《きっ》した薩摩藩は、一転して列強の力を借りて討幕《とうばく》の道を進むことを選んだ。

さらに時代は、世紀末的様相を呈する。一八六四年には、京都を追放されていた長州藩と京都守護職を務める会津藩が京都で激突する(禁門の変)。市街戦は会津が勝利したものの、京都は焼け野原となった。その後、明治維新によって東京への遷都《せんと》が決定すると、京都から公家や諸藩要員が東京に移動し、多くの屋敷が無人になった他、関連産業も大打撃を受け、一時は「死都《しと》」になる危惧《きぐ》すらあった。

さて、禁門の変の翌年、幕府はついに長州討伐《とうばつ》に動き出す(第一次長州征伐《せいばつ》)。国内は完全に政治闘争で分裂し、内乱と言ってよい状態となった。一方で、英・米・仏・露・普などの列強諸国は、清朝中国に続いて日本をも取り込むべく動き出していた。インフレによる貧困、外国人が持ち込んだ奇病、関東から四国までを襲った大地震……およそあらゆる艱難辛苦《かんなんしんく》がこの時期の日本に降りかかっていた。近代日本が大きく様変わりしたのは一八六八年の明治維新ではあるが、しかし日本の本当のどん底はこの一八六五年からの十数年間であったと私は見ている。日本は一度、ここで地獄に落ちたのだ。

混乱の極《きわみ》にあった江戸幕府だが、一八六八年一月に勃発《ぼっぱつ》した戊辰《ぼしん》戦争によって二六〇年余りの治世に幕が下りた。この戦争では、鳥羽伏見《とばふしみ》の戦いを皮切りにいくつもの戦いやかけ引きが繰り広げられたが、そのたびに各地で地獄絵図が繰り広げられた。同年三月、勝海舟と西郷隆盛の会談によって江戸への総攻撃が中止されると、江戸は「無血開城《むけつかいじょう》」した。

しかしながら、官軍の侵攻に恐れをなした大名たちは慌てて国に帰り、江戸はゴーストタウンと化した。残された庶民は食うにも困り、数えきれない餓死《がし》者が出た。昼夜を問わず、暴行、強姦、強盗、辻斬《つじぎ》りなどあらゆる犯罪が横行した。近代日本経済の父・渋沢栄一は、この時期の江戸の惨状《さんじょう》をこう語ったという――「幕府瓦解《がかい》の余波は江戸市中を非常な混乱状態に陥れ、働くに職なく、食うに糧なき窮民が一時に激増し、飢えて途に横たわる者が数知れぬというありさまであって、その惨状は実に名状《めいじょう》す可《べ》からざるものがあった」。

江戸を陥落させた官軍は、そのまま北上して幕府軍の掃討《そうとう》に乗り出した。会津藩との戦争では、官軍は暴虐《ぼうぎゃく》の限りをつくした。おそらく、禁門の変での遺恨もあったことだろう、容赦《ようしゃ》ない殺戮《さつりく》、強姦、放火、略奪が行なわれ、また見せしめのため戦死者の埋葬を禁じ、死体は野ざらしにされ、戦場には鳥獣が群がった。さらに戦後には、会津藩に領地替えを命じ、多くの藩士たちが斗南《となみ》藩（青森県 下北半島）への移住や北海道開拓事業に従事させられたが、過酷な寒冷地で多数の餓死者が出るほど困窮《こんきゅう》した。

こうした窮状に置かれた彼らを、新政府の人々は「賊軍《ぞくぐん》」と貶めた。「白河以北一山百文」（福島県の白河以北は一山百文の値打ちしかないという侮蔑《ぶべつ》）という言葉が後々まで残ったように、新政府の人々は東北地方を長きに亘って差別的に扱った。この時に抱えた会津の人々の薩長《さっちょう》への恨みは根深く、残念ながら今でもそれは拭《ぬぐ》えていない。かつて、萩市長が会津若松市に姉妹都市を申し入れた際にも、会津若松市は「丁重に」断ったという。会津若松市長が萩市を訪問した際にも、「政治家としての握手には応じるが〝歴史的な和解〟の握手ではない」とわざわざ明言している。つい最近も、会津歴史観光ガイド協会の会長がテレビの取材に応じて「（萩の人々とは）仲良くはできるんじゃないかと思ってます」と語ったものの、「戊辰戦争のことについては、和解はしません」とハッキリ断言している。一六〇〇年もの年月を経てなお、人々が時代の激動から受けた傷は癒《い》えていない。

明治維新とは、それほど惨《むご》たらしい側面を持った出来事だったのだ。

こうした惨事《さんじ》を経て、薩長土肥《どひ》による明治新政府が発足したが、しかしこれで日本の「どん底」が終わったわけではなかった。「国家権力」という大きな力を得た新政府は、江戸幕府が遺《のこ》した「負の遺産」の処理という難題も抱えることになった。

まず、江戸時代に幕府と諸藩が抱えていた莫大な債務を整理する必要があった。新しい権力者がかつての為政者の借金を「あずかり知らぬ」などとやれば、すぐに人心は離れ、権力機構は崩壊の憂き目を見ることとなる。困窮する者を救済し、民心を慰撫《いぶ》することが必要不可欠なのだ。

明治政府は、諸藩が抱えていた莫大な債務を「廃藩置県」で処理することとした。具体的には、藩の廃止に応じれば、新政府が藩の抱える莫大な債務を一定条件の下で肩代わりするという方法が取られた。弘化元年（一八四四年）以降の債務は、新政府が引き受ける代わりにそれ以前の債務は無効となった。

事実上の財政破綻状態にあった諸藩は他に選択の余地もなく、財政が清算できるならとこぞってこれに応じた。これによって藩札《はんさつ》の三分の一以上、藩債《はんさい》の半分以上が切り捨てられ、江戸時代の債務は相当減殺された（とは言え、それでも巨額の債務が遺されたことに変わりはなかったが）。一方で、政府は中央集権化という目的のために莫大な債務を抱え込む格好となった。ちなみに、江戸幕府が抱えていた債務は政府は肩代わりせず、すべて切り捨てとなった。

また、新政府は歳入・歳出の改革にも乗り出した。歳入の確保と増加を図ったのが「地租《ちそ》改正」だ。江戸時代までは米の「収量」に応じて決められていた「年貢《ねんぐ》」を、土地の「収穫力」に応じて決められた地価に対する税率にあらため、土地単位での金納とした。米の収量に関わらず、所有する土地に応じた「絶対額」を納付する必要から、農家の税負担は相当重くのしかかった。

歳出面で大きな改革は「秩禄処分《ちつろくしょぶん》」だ。現代風に言えば「公務員のリストラ」のようなものか。「秩禄」とは公家や武士に支払われる給与・ボーナスで、明治新政府も過渡的に秩禄を出していた。しかし、歳出の四割を秩禄が占める一方で新政府が推し進めた廃藩置県や徴兵制によって、武士は〝用済み〟となって行った。新政府は発足から九年に亘って秩禄を出し続けたが、使い道のない武士階級にタダ飯を食わせ続けるわけには行かなかった。明治九年、政府はついに秩禄の支給を廃止した。

明治新政府は、「欧米列強に追い付け、追い越せ」とばかりにこれ以外にも様々な制度を次々と導入して行った。学制改革によって義務教育が始まり、特に農村部においては貴重な労働力であった子供は学校にかり出され、教育が施《ほどこ》された。西欧化を進めるべく太陽暦が導入され、また断髪《だんぱつ》令も施行された。江戸時代に用いられた金貨、銀貨、銭貨（三貨制度）は「円《えん》」に統一された。「士農工商穢多非人《えたひにん》」のような身分制度も廃止された。

こうした急速な改革は、当然混乱や人々の不満も巻き起こった。まず、秩禄処分によって食い扶持《ぶち》を失い、廃刀令《はいとう》や断髪令で「魂」も取り上げられた武士たちは士族反乱を起こした。佐賀の乱（一八七四年）、新風連の乱（一八七六年）、秋月の乱（同）、萩の乱（同）などだが、やはりその最大のものは一八七七年の「西南戦争」だ。西郷隆盛の最期となったこの戦争は、近代日本で最後の内乱となった。反乱を起こしたのは武士だけではない。明治維新前から民衆はたびたび蜂起《ほうき》し、一揆《いっき》や打ちこわしを行なってきたが、維新によって暮らし向きが良くなるどころか様々な制度改革によって、むしろ混乱と困窮は増大した。特に、新制度に反対する一揆（廃藩置県反対一揆、徴兵令反対一揆、地租改正反対一揆、解放令反対一揆など）が次々に勃発した。

政治においても、政変がたびたび起きた。西郷隆盛をはじめとした征韓《せいかん》論者たちがいっせいに辞職する「明治六年政変」や、大久保利通が暗殺された「紀尾井坂の変」、開拓使官有物払下《かいたくしかんゆうぶつはらいさげ》事件に端《たん》を発《ほっ》し、大隈重信とその一派が政府から追放された「明治一四年の政変」などである。

私たちが「明治維新」と聞けば、前時代的で腐敗が進んだ武家社会を打ち倒し、輝かしい時代が到来したような印象を受ける。しかしこれは、維新政府が仕掛けたプロパガンダ（宣伝工作）である。実のところ、その実態はそんなに良いものではないどころか、庶民目線で見れば混乱の極であったと言えるだろう。江戸時代の借金は踏み倒され、武士はリストラされ、事実上の増税となり、あらゆる社会の仕組みが変更されたのだから無理もない。新政府側の人々やうまく時流に乗った人々はともかく、当時の大多数の人々にとっては、社会が崩壊したと感じたことだろう。実際、明治初期の文献や小説などには「維新」の記述は少なく、「瓦解」という表現が使われていた。当時の感覚として、国が、社会が「瓦解」し混乱していた、という方が自然なものだったのだ。

さて、こうして「どん底」を経験した明治新政府だが、一八八九年に大日本帝国憲法が発布される頃になると、ようやく安定してくる。「富《ふ》国《こく》強《きょう》兵《へい》」「殖産《しょくさん》興業《こうぎょう》」のスローガンが体現され、日本の産業が急速に近代化して国力が蓄えられたのだ。一八九四年には日清戦争が勃発するも、大国相手に勝利し二億両の賠償金と台湾領有を獲得する。

さらに一九〇四年には、朝鮮半島や満州の領有をめぐってロシア帝国とも戦争を行なう（日露戦争）。当時、最強の陸軍を有すると言われたロシア帝国相手に、日本は国内のみならずイギリス銀行団やユダヤ人資産家ジェイコブ・シフからも借り入れを行なってこれに応じた。折よくロシア国内では、「血の日曜日事件」（一九〇五年一月九日）が起きるなど革命運動が激化し、戦争継続が困難な状況となっていた。こうした幸運も重なり、日本は列強ロシア相手に辛《から》くも勝利をもぎ取ることができたのだ。「アジア国家初の戦勝」という事実は、列強の支配下にあったアジア諸国に大きな希望と独立への機運をもたらした。日本は、世界から「極東の一等国家」として認知されるに至ったのである。

幕末の「どん底」から四〇年、日本は最も輝かしい時代を迎えた。

②極東の一等国家から敗戦で再び「どん底」へ

司馬遼太郎の小説『坂の上の雲』で描かれたように、日露戦争の勝利は明治維新から始まった近代日本の一つの頂点であった。混乱と内乱の極にあった日本が、わずか四〇年ほどの間に列強から戦勝をもぎ取るほどの成長を遂げたのだから、「奇跡」と呼んでも差し支えないだろう。

しかし、栄華を極めた者がその地位を永《なが》らえることは極めてまれである。結局日本も、その栄華に驕《おご》り再び破滅のどん底に向かうこととなった。次のどん底、それは江戸幕府「瓦解」からおよそ八〇年後、そして日露戦争勝利の栄光からちょうど四〇年後、第二次世界大戦の敗戦である。

頂点からどん底へ、どのように日本は転がり落ちて行ったのか。再び歴史を紐解《ひもと》いてみよう。起点となるのは一九〇五年、日本がロシア帝国との戦争に勝利した時点だ。この時、人々はその栄光の美酒に酔っていた、というわけではなかった。むしろその逆で、民衆はふがいない政府に憤《いきどお》っていた。

ロシアとの戦争は、勝利とは言っても紙一重のものだった。ロシアは革命前夜で戦争続行が困難となっていたものの、日本も国力の限りをつくし、さらに海外からも借金をして戦争しており、経済的な限界に近い状況だったのだ。

こうした互いの事情も相まって、アメリカの仲介の下、日露は交渉のテーブルに着いた。しかし、ロシアの巧みな交渉戦術によって日本は賠償金を獲得できず、結局は南樺太《からふと》の割譲《かつじょう》、遼東《りょうとう》半島の利権移譲《いじょう》などで妥結《だけつ》せざるを得なかった。この結果に日本の民衆は憤り、マスコミは連日のように政府の弱腰外交を批判した。ただ、そうした民衆感情も無理からぬものだった。日露戦争に際して、日本は国家予算の四倍（あるいは六倍）におよぶ戦費を投じていたが、それはもっぱら公債で賄《まかな》われ、国民がそれを請け負っていた。経済的に戦争を支えた国民は賠償金が取れず、暮らし向きが良くならないことに我慢ができなかったのである。

そして、その不満はついに爆発する。一九〇五年九月五日、日比谷公園で行なわれたポーツマス条約反対集会が暴動に発展し、新聞社、交番、米公使館から果ては教会まで焼き討ちされたのだ（日比谷焼き討ち事件）。東京は無政府状態に陥り、軍隊が出動、戒厳令《かいげんれい》が発令された。

ただ、こうした過激な動きはあったものの、日本国民には二つの戦勝を通じて「一等国家」としてのプライドが芽生《めば》えた。人々の間には「日本の軍隊は強い」「日本軍は国の外へ出て、領土を切り取り利益をもたらす」という認識が広がった。日露戦争から後一五年ほどの間、日本はまさに「わが世の春」を謳歌《おうか》した。一九一四年には第一次世界大戦が勃発するも、主戦場がヨーロッパであったため日本は幸いなことに直接の当事国にならずに済んだ。しかも、列強諸国がヨーロッパの戦局に注力している間、手薄になった中国に進出するチャンスが生まれた。日英同盟を盾に日本はドイツに宣戦布告し、中国国内でドイツの権益を次々接収《せっしゅう》したのだ。さらに国内は戦争特需に沸《わ》き、折しも大正時代に突入して文明開化が成熟期を迎えたことで人々は先進的な文化を愉しんだ。

この頃になると、社会の空気は大きく変容する。まず、明治時代から続いた薩長中心の藩閥《はんばつ》政治に対する批判が高まり、自由民権運動が活発になった。そしてこの流れは、権威主義的な軍部に対する批判にもつながって行った。日清・日露の両戦争を戦い抜き日本に海外権益をもたらした軍隊を、この時期に「民衆」や「世論」は冷遇するようになったのだ。

当時、軍人は面と向かって侮蔑や非難を浴びることもあったという。軍服で街を歩くのをはばかられ、若い将校が結婚できないといったこともあった。軍への志願者は激減し、軍学校は百姓か貧乏人が行くところという認識が広がった。しかしながら、奇《く》しくもこうした軍部冷遇の風潮を経て、後に軍国主義的な世論の土壌が育まれることとなる。

一九一八年、第一次世界大戦が終結すると国内景気は急激に失速した。戦争特需がなくなり、さらに西欧列強が市場に復帰したことで国内産業が大きな打撃を受けたためだ。この後、一九二〇年代は慢性的な不況に見舞われることとなる。経済停滞が続く中、一九二三年九月一日には「関東大震災」が発生する。推定で一〇万人を超える死者・行方不明者を出し、関東一帯は重大な被害に見舞われた。この震災で、政府は復興のための財政政策を余儀なくされた。財政出動のため震災手形が発行されたが、景気が低迷したこともあって手形回収は遅れた。政府は被災者救済のため公債を発行し続け、インフレが高進した。

さらに〝悪い時には悪いことが重なる〟ものである。一九二七年、金融恐慌が発生したのだ。「東京渡辺銀行がとうとう破綻を致しました」――片岡直温蔵相が議会で発したこの失言によって、一気に「取り付け騒ぎ」が発生した。終戦以降、景気は悪化の一途をたどっており国民心理も相当悪化していたことで、この騒ぎは一気に恐慌へと転じた。空前の不況を象徴するのが、当時の大卒の就職率だ。当時の大卒と言えば、今とは比べものにならないエリートである。どこでも引く手あまたであるはずの頭脳集団の、その就職率が三〇％だったのだ。「就職氷河期」と呼ばれた二〇〇〇年代初頭でも、大卒の正規採用率は八〇％を超えていたのだから、いかに深刻な状態だったか想像できるだろう。

しかも、恐慌はこれだけに留まらなかった。一九二九年一〇月、ニューヨークのウォール街で株価が大暴落、これをきっかけに「世界大恐慌」が発生したのだ。これが日本経済にさらに深刻な打撃を与えた。長期に亘る不況で産業が停滞し、さらにインフレの高進に苦しんでいた日本ではインフレ退治のために緊縮財政（デフレ政策）を行なっていたが、そこに世界恐慌が直撃し、今度は著しいデフレ不況に陥ったのである。

このデフレは農村部を壊滅状態に陥れた。恐慌によって海外での生糸《きいと》の需要が激減し、当時主力だった繊維産業は深刻な打撃を受けた。一九三〇年にはコメの豊作によって米価《べいか》が下落、デフレ政策と相まって農業恐慌が起きた。豊作なのに飢饉に陥るという、実に奇妙な現象も起きた。翌三一年は打って変わって冷害が発生し、東北・北海道は大凶作に見舞われた。ここに至って農村経済は壊滅状態に陥り、青田売り（出穂していない稲を売る）が横行、農村の女子は多くが身売りに出された。

日露戦争の勝利から二五年を経て、日本は深刻な経済停滞に苦しむようになった。その一方で、明治期の藩閥政治から政党政治への「民主化」によって政治には莫大なカネが絡《から》むようになり、スキャンダルが激増した。たび重なる恐慌は、企業体力の強い財閥による寡占《かせん》を生み、経済格差は圧倒的に拡大した。「私たち国民は苦しんでいるのに、一部の特権階級が富を貪っている」——国民の不満はいよいよ高まり始めた。

一方で、かつて冷遇されてきた軍部にも変化が起きていた。青年将校たちを中心に、「世直し」の社会変革を志向する動きが起きたのだ。背景は、軍幹部による「政軍協調路線」への嫌悪感である。第一次世界大戦では、世界各国で実に多くの人々が犠牲となった。その反省から国際的な軍縮への機運が高まり、国家間の連携の仕組みとして国際連盟が発足、すると直接の当事国ではなかった日本においても軍縮・反戦の世論が立ち上がった。軍部批判も高まる中で、軍幹部は政治と協調しながら軍縮を進めてきた。

しかし、肝心の政治はカネとスキャンダルにまみれていた。腐敗した政治にすり寄るかのような軍幹部に対して、青年将校たちは大いに失望した。「自分たちこそが、唾棄《だき》すべき腐敗政治と決別し、世直しをする」——かくして、軍部の暴走という流れが用意されることとなった。

そして一九二八年、中国国内の情勢が刻々と変化する中で、軍部による独断が始まる。関東軍が奉天《ほうてん》近郊で奉天軍閥の指導者・張作霖《ちょうさくりん》を爆殺したのだ（張作霖爆殺事件）。これを契機に、関東軍は満州での勢力拡大を志向する。関東軍はこれに続いて一九三一年にも謀略《ぼうりゃく》を実行した。南満州鉄道を爆破し（柳条湖《りゅうじょうこ》事件）、張学良《ちょうがくりょう》軍の仕業として中国軍と戦争を開始したのだ。「満州事変」と呼ばれるこの戦争によって、関東軍は満州を占領し満州国を建国した。

これらは、明らかに関東軍の独走による侵略行為ではあったが、軍部はその事実を隠し、「満州の日本人を苦境から解放する」という名目を打ち出した。これに対し、反戦・軍縮を支持していたはずの世論はにわかに変化した。関東軍の独走を容認し、軍部に追従する論調に変化したのである。

そのことを象徴するのが、新聞各社の社論の転換だ。それまで反戦世論を主導していた朝日新聞までもがこの時、論《ろん》を翻した。なぜ、世論は戦争容認に転じたのか。やはり、背景には長引く不況や政治腐敗、財閥の寡占や貧富格差の拡大によって国民が社会に対して大きな不満を抱いていたことが大きい。社会に閉塞《へいそく》感が漂う中で、満州に暮らす日本人を苦しみから解放するため独立運動を支援するために奮闘する関東軍に、人々は希望を見出したのだろう。

一方のマスコミも、この時期営利主義に傾倒していた。前出の朝日新聞などは「朝日不買運動」を受けて、大衆に迎合するように軍部を容認する論調に切り替えたのだ。「社論」よりも「営利」を優先した瞬間である。ちなみにこれ以降、朝日新聞は軍部に追従《ついじゅう》し、率先して軍部を翼賛《よくさん》する「戦争扇動メディア」へと変貌して行った。そして、日本のアジア侵出と歩調を合わせて爆発的に発行部数を伸ばして行ったのである。

かくして、「反戦」を基調《きちょう》としていたはずの日本社会は、軍国主義への一本道を突き進むこととなった。非常に乱暴にまとめれば、長引く不況と政治腐敗、貧富格差という典型的な閉塞状況において軍部が独走し、人々がその軍部に光明《こうみょう》を見出して歓迎する、という構図である。まさに「貧《ひん》すれば鈍《どん》す」だ。

その後の日本は、転落への道をまっしぐらに進んだ。国際連盟が満州国の不承認と日本撤退を決議すると、日本は国際連盟を脱退し孤立する。一方で、軍部の独走は加速した。一九三二年五月一五日、陸海軍の青年将校らが総理官邸に乱入し、犬養毅《いぬかいつよし》総理を殺害した（五・一五事件）。普通なら、軍部粛清《しゅくせい》の世論が巻き起こりそうなものだが、この時の世論は違った。「純粋な憂国《ゆうこく》を動機として、現状打破のために決起した」という将校らの動機が報道されると、民衆は「気持ちはよくわかる」と彼らを称揚《しょうよう》した。彼らを題材にした劇が上演され、歌が作られてブームになるなどした。一九三六年、再び青年将校らによるクーデター未遂事件が発生（二・二六事件）すると、こちらは軍への批判が集中したものの、逆に「統制派」と呼ばれる軍幹部が政権内部に影響力を拡大し、政治への明確な関与を強めた。

そして一九三七年、盧溝橋《ろこうきょう》事件を契機として、日本は中国と八年近くに亘る戦争（支那事変）に突入する。一九三九年五月には、満州国とモンゴルの国境線を巡ってソビエト連邦と紛争状態（ノモンハン事件）になると、日本はいよいよ泥沼にはまり込んだ。ソビエトに敗北した日本が北進政策から南進政策に大きく舵《かじ》を切ると、今度は東南アジアに侵出していたイギリスと、そのイギリスが戦争に引きずり出したかったアメリカが日本の敵に回ってしまう。アメリカは石油の対日全面禁輸を決定、致命的な制裁措置を受けた日本は、オランダ領東インド（インドネシア）を占領するなど、自給自足の体制作りを志向し東南アジアに本格的に侵出した。こうして日本は、勝ち目のない戦争を次々と行なうことになって行った。

一九四一年一二月の真珠湾への奇襲を皮切りに、緒戦《しょせん》こそ勝利した日本軍だったが、翌四二年にはミッドウェー海戦で主力空母をすべて失い、早々に敗戦が濃厚となった。しかし硬直化した軍部は事実をひた隠し、狂信的な精神論で戦局の打開に拘泥《こうでい》した。国力を総動員して戦争に打ち込んだものの、連合国との経済力、軍事力の差は圧倒的であった。結局のところ、一九四五年まで戦局を長引かせ、東京をはじめとした主要都市へのたび重なる空襲を受け、さらに広島・長崎に原子爆弾を投下され、アメリカがいよいよ本土に上陸して決戦を行なう段になってようやく降伏した。

日本は、総力戦の果てに何もかも失った。日露戦争からちょうど四〇年後の「どん底」は、八〇年前の明治維新と勝るとも劣らないほどの状況であった。国民から莫大な戦費を徴発し、必要な物資も民間から接収していたが、敗戦した政府にそれらを返す当てはなかった。戦時統制から解放された経済は、著しいモノ不足によってインフレが加速した。しかも、終戦の年は歴史的な凶作で、農作物は例年の六割にも満たない状況であった。東京などの大都市圏では、多くの人々が食い詰めた。復員した軍人や民間人も仕事がなく、多くの者が物乞《ものご》いをする他なかった。特に復員兵が多かった上野では、毎日のように餓死者が出たという。治安の悪化も当然のごとく起きた。身寄りのない子供たちが「浮浪児《ふろうじ》」となり、窃盗や詐欺のみならず、強盗、殺人、放火など凶悪な犯罪にも手を染めた。GHQが進駐してくると、進駐軍人による暴行や強姦なども頻発《ひんぱつ》したが、これらは事件化されず闇《やみ》に葬《ほうむ》られた。

完全な国家破産状態であったため、当然のことだが激しいインフレは終戦から加速する一方となった。こうなると、結局は「徳政令」を行なうしかない。一九四六年二月、日本政府は「預金封鎖」「新円切替」「財産税」を実施し、経済立て直しを図った。しかし、これらもはかばかしい成果は出ず、最終的に一九五〇年の「朝鮮戦争」勃発と戦争特需まで、日本の経済はドサクサの闇経済となった。終戦からの五年間は、まさに日本が最底辺まで落ちた時代であった。

しかし、それが五年で終止符を打ったのは幸いであったと言えるだろう。米ソ冷戦構造によって朝鮮半島が代理戦争の地となり、日本がアメリカの前線補給基地となったことが、日本経済の急回復とその後の高度経済成長に大きく寄与したことは間違いないからだ。

もし、米ソ冷戦と朝鮮戦争がなければ、日本の復興はあと一〇年は遅かったかもしれず、その間に日本は国力がさらに衰退して、その後の驚異的な経済成長もなかったかもしれない。当時を知る人から言わせれば「あんな地獄は、もう二度とごめんだ」というものだろうが、国家という観点で見た場合には、また違った景色が見えてくるのである。

まもなく三度目のどん底がやってくる⁉

このように、近現代の日本には〝二度のどん底〟があった。しかもそれは今から八〇年前と一六〇年前であり、さらにその間には日露戦争までの四〇年間の登り坂と、四〇年間の下り坂があったわけだ。そしてさらに第二次世界大戦の敗戦からもまだ続きがある。これも、奇しくも四〇年周期の登り坂と下り坂の歴史である。ごくごく簡単に、直近の日本のサイクルを確認しておこう。

③朝鮮戦争と米ソ冷戦によって奇跡の復興を遂げる

一九五〇年、朝鮮戦争の特需によってようやく戦後のドサクサを抜け出した日本は、冷戦構造下でアメリカの政策的なあと押しもあり、順調な経済成長を開始する。一九五一年にはサンフランシスコ講和条約、日米安全保障条約を調印し、日本は名実共に独立を回復した。一九五六年には経済白書に「もはや戦後ではない」と言及されたように、本格的な経済成長軌道《きどう》に乗る。一九六四年、東京オリンピックが開催されると日本は五輪特需に沸くものの、翌年には反動不況と金融引き締めによる「昭和四〇年不況」が起きた。

しかし、日本の経済成長の足並みは強く、アメリカでの好況やベトナム戦争による需要もあと押しし、戦後最長となる「いざなぎ景気」が到来した。一九六八年、日本の国民総生産（ＧＮＰ）はついに西ドイツを抜き、世界第二位の資本主義大国となる。この地位は二〇一〇年に中国に抜かれるまで、四〇年以上も維持されることとなった。

一九七〇年代に入ると、日本の強過ぎる経済がアメリカとの軋轢《あつれき》を生むようになる。日米貿易摩擦《まさつ》だ。絶好調の日本経済に対して、アメリカは「双子の赤字」と呼ばれる貿易赤字と財政赤字に苦しんでいた。背景には、アメリカでの旺盛な消費、覇権国であるアメリカの信用力増に起因した米ドル高があり、さらに二度のオイルショックやベトナム戦争の泥沼化、米ソ冷戦構造による財政負担増加も大きく影響していた。日本はアメリカの要求に合わせて自主的な輸出規制を受け入れたものの、対日貿易赤字は拡大の一途をたどり、ほとんどの産業分野で摩擦が生じ、〝ジャパンバッシング〟が起きた。自動車の街・デトロイトでトヨタの高級車がアメリカ人に破壊される様子がテレビで報道されるなどしたのも、この時期である。

そしてついに、一敗地《いっぱいち》に塗《まみ》れた日本が再び頂点に上り詰める。一九八五年、ニューヨークのプラザホテルにおいて日本の対米貿易黒字を削減する「プラザ合意」が交わされたのだ。米、英、独、仏と日本が参加したこの会合において、アメリカの経済・財政を救済するための協調為替介入も合意され、日本円は急速に円高となった。この「プラザ合意」が意味するところは、単なる為替介入の合意や貿易黒字削減の合意、というだけに留まらない。敗戦国の日本が戦勝国であるアメリカに対して経済的な影響力を行使するまでになったという、象徴的な出来事でもあったのだ。

実際、この後日本は円高と強力な経済を背景にバブル経済に突入し、株価や地価が暴騰した。「東京二三区で全米の土地が買える」などと言われ、実際にニューヨークの象徴的ビルであるエンパイアステートビルが日本人実業家に買収されている。強すぎる経済を後ろ盾に何でもどん欲に買い漁《あさ》る日本人を、世界は「エコノミック・アニマル」と呼んだ。かつては戦争に邁進《まいしん》し「戦争好きの国民」として恐れられた日本人は、八〇年の時を経て今度は「マネー好きの国民」として経済侵略を恐れられる国民になった。実際、日本中が好景気に沸いたこの時期、サラリーマンやＯＬは寝る間を惜しんでよく働き、また夜の街に繰り出してはよく遊んだ。そういう意味では、日本の絶頂はバブル崩壊直前の一九九〇年頃と見ることもできるが、私に言わせればこの時期は日本がピークを迎えた一九八五年の残照《ざんしょう》にすぎない。

④バブル崩壊後、経済の停滞と政府債務の膨張に苦悩する

かくして日本は、再び四〇年サイクルで頂点を迎えたわけだが、やはりその後は転落の一途である。バブル崩壊以降、株価や地価は暴落を続け、バブル処理の稚拙《ちせつ》さもたたって一九九八年には金融危機が到来する。銀行や保険などの金融機関が次々と倒産し、日本経済は長期停滞に陥った。

その後、アメリカのＩＴバブルやサブプライムバブルの余波を受け、多少景気は浮揚するものの、日本企業はバブル期の経験から内部留保の蓄積に勤《いそ》しみ、また非正規雇用によるコストカットの影響からデフレが定着した。

二〇〇八年、リーマン・ショックを契機として「一〇〇年に一度」の世界的な恐慌が起きると、日経平均株価は七〇五四円というバブル後最安値を記録、

日本の経済停滞はさらに浮き彫りとなった。また、少子高齢化による社会保障費の累増から政府債務は加速度的に膨張し、これが日本の構造的問題となった。

そして二〇一〇年、とうとう急速に経済成長を遂げた中国にGDPで追い抜かれる。二〇一二年、第二次安倍政権が発足すると、デフレ対策として大規模な財政出動と金融緩和、経済成長をセットにした「アベノミクス」が始動する。ここを起点として株価は急速に浮揚するも、デフレは一向に解消せず、バブル以降の「失われた三〇年」がいよいよ現実のものとなった。また、財政出動によって政府債務の膨張はさらに加速した。

そして二〇二〇年、「新型コロナウイルスの世界的流行」がアベノミクスによって多少回復した日本経済に再び打撃を与える。政府は屋上屋《おくじょうおく》を重ねるごとくさらなる財政出動で応じ、政府債務はもはや返済不能の未踏《みとう》領域に到達した。この天文学的債務も、インフレが高進しなければ問題はない。しかしそう話はうまく行かない。コロナ収束によって世界経済が回復すると、急速なインフレトレンドが巻き起こり、遅れて日本にもその波が到来した。低金利政策でインフレを誘導してきた日本に奇しくも外来のインフレが到来すると、にわかに政府債務が燻《くすぶ》り始めた。インフレによって低金利政策を解除したくとも、金利が上昇すれば莫大な政府債務に莫大な利払いが生じる。借金が加速度的に膨張しかねない危険な状態となったのだ。

二〇二二年、この動きを予見していた海外投機筋を中心に日本国債に売り注文が殺到する。日銀がこれに応戦し火消しを図るものの、今度は日銀が発行している日本円に膨大な売り浴びせが起きた。急速な円安の進行によって日本経済には輸入インフレが生じ、国民生活は一気に厳しいものとなった。積み上げた国の借金が、ここにきていよいよ火を噴きかねない状況となったのである。

どうだろうか。このように時系列で追って行けば、第二次世界大戦の敗戦から四〇年かけて日本は再び輝き、そして再び凋落《ちょうらく》の道を歩んできたことがよくわかるだろう。私は、日本の「四〇年周期」が今回もほぼ確実に起きるだろうと確信している。

こうした歴史の周期性は、そのメカニズムや理論的な裏付けこそないものの、かなりの確率で合致していることがわかる。これはあくまで推論だが、こうした周期性が発生するのには、おそらく人間の寿命、その国の民族性や文化的慣習、気候風土（天災の発生頻度など）といった要因が絡み合っていると考えられる。四〇年周期の一サイクル（合計で八〇年）は、およそ人の一生に近い。社会を支える現役世代は、四〇年で大体入れ替わる。過去に「頂点」や「どん底」を経験した世代がいなくなり、社会が当時の記憶と教訓を失うサイクルがちょうど一サイクルの八〇年とすれば、こうしたサイクルが起きることも非常に納得が行くだろう。

文明史に秘められた「八〇〇年周期」という壮大な法則性

実は、私がこの「日本の四〇年周期」を発見したのには、ある「お手本」によるところが大きい。それは、文明史家・村山節氏が発見した「文明の八〇〇年周期説」だ。この説を非常に大雑把《おおざっぱ》に言うと、人類の文明は有史以来、東西の二極にわかれ八〇〇年周期で主権の交代を繰り返してきたというものだ。

実際、この説に基づいて歴史を見直せば、紀元前（BC）四四〇〇年〜紀元（AD）二〇〇〇年までの六四〇〇年間もの間に、「東西文明は正確に七回の交代を繰り返している」ことがよくわかる。さらに、八〇〇年周期の中には文明の「勃興」「隆盛」「衰退」「凋落」というプロセスがあり、西洋文明と東洋文明の盛衰がちょうど逆の推移をたどるのだ。

果たして、本当にそんなサイクルが存在するのか。それは、なぜなのか。そのすべてを解説しようとすると本一冊分を軽く超える内容となるため、ここではごく簡単にアウトラインを見て行こう。まず、人類文明六四〇〇年の全体像を俯瞰するとこうなる（五八〜五九ページ参照）。

「第一サイクル」は西の文明だ。紀元前三六〇〇〜紀元前二八〇〇年、人類は建築・土木技術を格段に発展させることに成功。その典型がエジプト古代王国のピラミッドだ。荒れ狂うナイル川の灌漑《かんがい》工事が始まったのもこの頃である。

「第二サイクル」は東の文明期となる。紀元前二八〇〇〜紀元前二〇〇〇年に

800年ごとに隆盛と衰退が入れ替わる

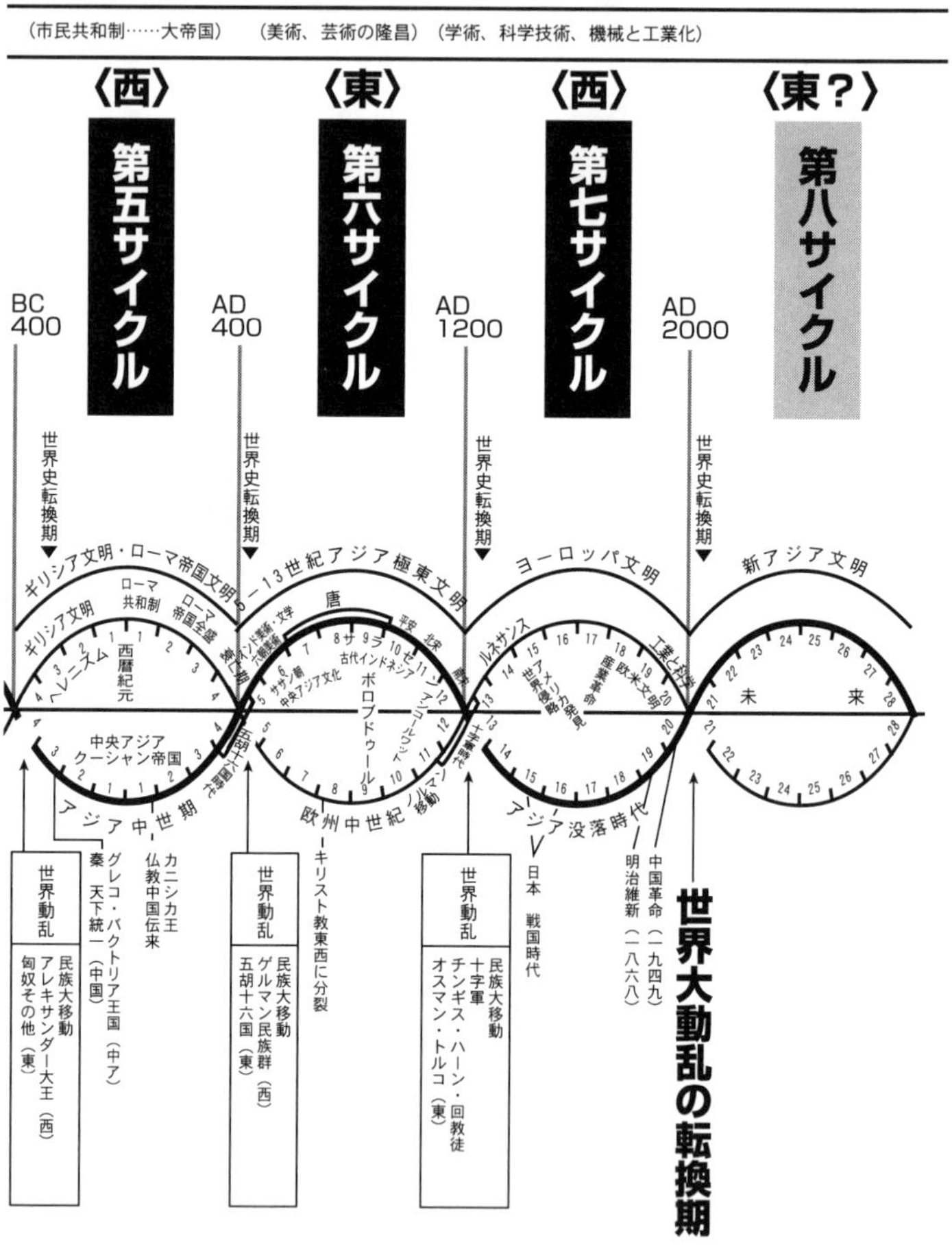

世界文明総図——東洋と西洋の文明は

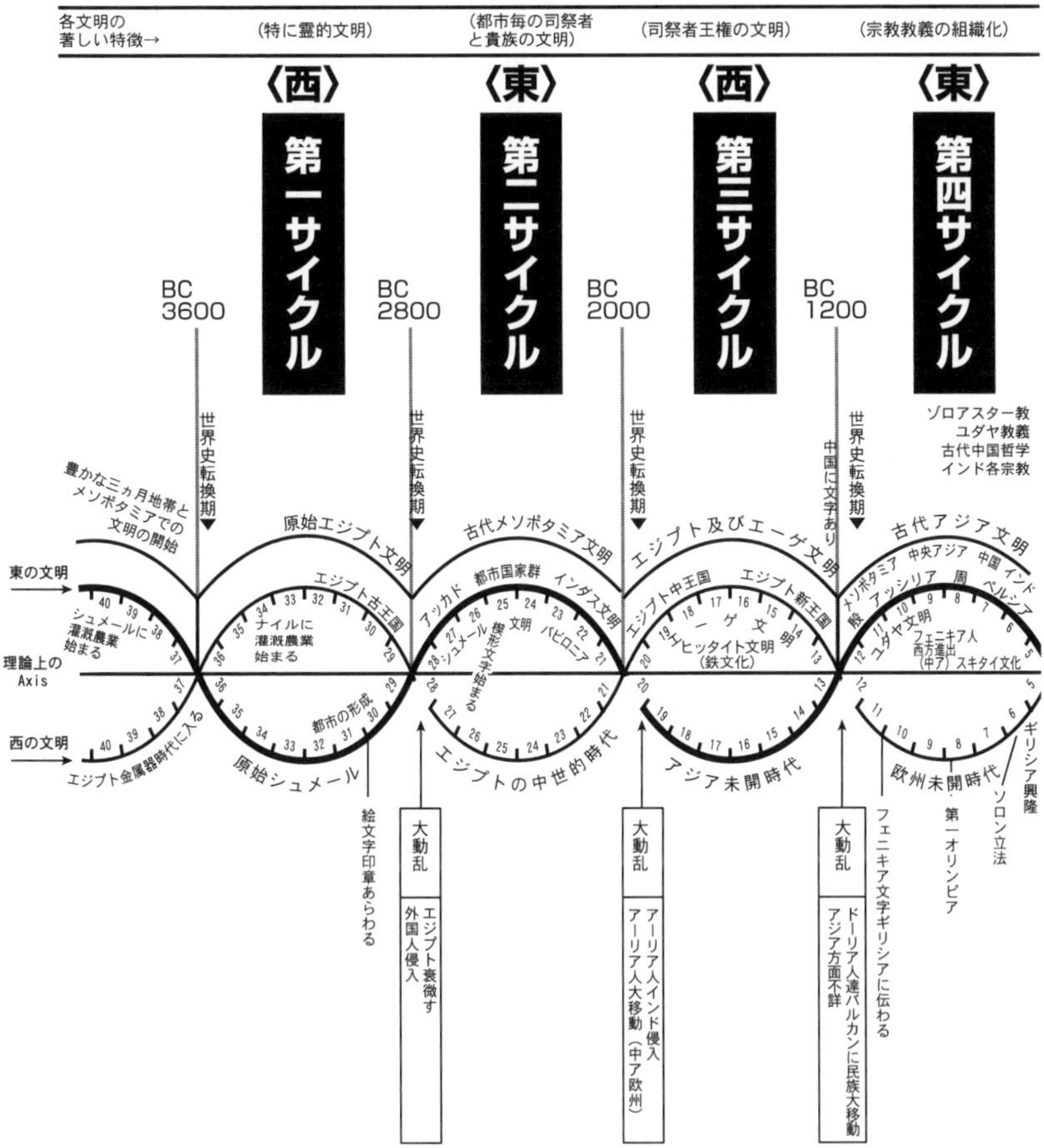

かけて、人類は文字を発達させた。この時代、シュメール文明が花開き楔形（くさびがた）文字が活用された。

「第三サイクル」は再び西の文明期となる。紀元前二〇〇〇～紀元前一二〇〇年、人類は衣服や食生活を進化させた。エーゲ文明において人々は豊富な衣服や宝飾品を身に着け、食卓にはぶどう酒がのぼるようになった。

「第四サイクル」（東洋）では、紀元前一二〇〇～紀元前四〇〇年に宗教や思想が大発展を遂げた。インドでは仏教が、中国では儒教・道教などが登場、後の東洋思想の源流がこの時確立された。

「第五サイクル」（西洋）は、紀元前（ＢＣ）四〇〇～紀元（ＡＤ）四〇〇年に登場したギリシャ・ローマ文明だ。ここでは後に西の文明の基盤となるキリスト教をはじめ、現代に続く自然科学の源流はこの時代に大発展した。

「第六サイクル」（東洋）は、四〇〇～一二〇〇年にかけてで、中国史上最大の帝国・唐が誕生した。この時、詩や芸術が大発展した他、仏像や寺院など仏教芸術がアジア各地に普及した。

「第七サイクル」（西洋）は、私たちが暮らす現代につながる文明サイクルである。一二〇〇～二〇〇〇年がそのサイクルと位置付けられ、物質文明と機械文明の時代と言える。第五サイクルの自然科学がさらに大きく発展し、産業革命が起き、金融資本主義を基調とした高度な経済システムが誕生し、医療技術や公衆衛生が普及し、人口が爆発的に増加した。

ぜひ、皆さんも世界史の年表を見比べながら検証していただきたい。このような「文明の覇権の移行」という文脈で眺めてみると、のっぺり見える年表から東西の文明盛衰のダイナミズムが浮かび上がってくるのを確認できるだろう。

このように、人類の文明は見事に東西を入れ替えた八〇〇年周期を刻んでいるのだが、もちろん、ある日突然、手のひらを返すように文明の主導権が入れ替わるのではない。一方の文明が徐々に衰《おとろ》え、相対的にもう一方の文明が力を蓄えてやがて台頭して行くというもので、一〇〇年ほどかけて徐々に力関係をシフトさせ、やがて入れ替わるのである。そして村山氏の説によれば、その約一〇〇年ほど続く文明の交代期には、地球規模の大動乱と民族大移動などが起るというのである。

この周期説に基づけば、二八〇〇年まで次の八〇〇年間は「第八サイクル」にあたり、東の文明が隆盛を迎えることになる。そして現在は、東洋と西洋の文明が交代する、まさに「大動乱の転換期」というわけだ。

そう考えると、現代においてなぜ世界が激動に突き進んでいるのか、納得が行くのではないだろうか。

それでも、「いや、本当にそんな文明と覇権の移行が起きるのか？　民族大移動などあり得るのか！」とお考えの方もいるだろう。そこで、現代の文明へと連なる「第七の文明サイクル」への移行を例に、今少し掘り下げて見て行くことにしよう。

――今から八〇〇年前、東洋の文明が衰退し、西洋文明への移行が起きた。一二〇〇年頃に起きた大事件と言えば、歴史に詳しい方はすぐお気付きだろう。「十字軍戦争」だ。ローマ帝国の滅亡以降、衰退していたヨーロッパだったが、イスラム教国から聖地エルサレムを奪還《だっかん》するため「十字軍」の遠征が始まった。

一〇九六年に始まったこの遠征は、以後二世紀に亘って繰り返され、西洋躍進《やくしん》の大きなきっかけとなった。

遠征の過程で、ヨーロッパの戦士たちは東洋（オリエント）の圧倒的な文明を目の当たりにし、多くの略奪品と知識を持ち帰った。「東方に光あり」――ヨーロッパではまばゆい東洋文明を取り込むべく、東方貿易が発展した。地中海航路が確立されると、水揚げ港だったベネチアが栄え、イタリア商人が大きな力を得て行った。やがて、その文明の光がヨーロッパ全体に伝播《でんぱ》して行くと、「ルネサンス」という西洋独自の文化が花開き、さらに「大航海時代」から「産業革命」、「市民革命」へと西洋文明は大いに発展して行ったのである。

「十字軍」以前の世界を見てみると、実は東洋に高度な文明が栄えていたことがよくわかる。アラビア地域ではイスラム帝国・アッバース朝などが栄え、数学、天文学、医学などを中心にイスラム文化が花開いた。当時築かれた世界最高級の文化は、かの「アラビアン・ナイト」の中でも語り継がれている。また中国では、中国史上最大の帝国「唐」が栄えた。都市人口にしても、アッバース朝の首都・バグダッド、唐の都・長安、いずれもが人口一〇〇万を超える国際都市であり、繁栄の頂点を極めていた。

一方のヨーロッパはどうだったか。おそらく信じがたいだろうが、最悪の時には首都程度の大都市でも、人口はわずか五〇〇〇～六〇〇〇人というありさまだったのだ。大都市のパリですら数万人程度しかいなかったし、一般の集落にいたっては五〇～六〇人の人口しか養えないというありさまだったのだ。当然、文明や文化も相応のものしかない。かつて、ローマ帝国で栄えた文明や文化はほとんどが打ち捨てられ、忘れ去られたかというありさまだった。

当然、それぞれの文明に暮らす人々も雲泥《うんでい》の差であったことだろう。文明的に洗練された東洋人と、土や垢《あか》にまみれた野蛮な西洋人……それが八〇〇年前に「十字軍戦争」で激突し、そして東西の文明移行の大きなうねりが湧き起こったのである。ある意味、これはすさまじい「パラダイム大転換」と言えるものだろう。

ここで、少し立ち止まって考えていただきたい。この構図は、実は私たちがよく知っているものである。しかも、それは二つある。まず一つ目は、「ローマ帝国滅亡」だ。狭義《きょうぎ》のローマ帝国滅亡は、西ローマ帝国の滅亡にあたる四七六年となる。これに先立つ三九五年にローマ帝国は東西に分裂しているが、その直接的要因が「異民族の侵略」だ。「ゲルマン民族大移動」「フン族の侵入」など、世界史を習った方ならピンとくるだろう。彼らが東方や北方から侵略していきたのである。そしてこれによって、西洋文明が支配した「第五サイクル」が終わりを告げ、東洋文明の時代が幕を開けたのだ。

そしてもう一つは、まだ「侵略」と呼べるものではなく象徴的な事件ではあるが、「アメリカ同時多発テロ事件」だ。これは民族大移動ではないが、覇権国家アメリカに中東のテロ組織が攻撃を仕掛けた象徴的事件だ。そして、それから時を経て、現在ヨーロッパでは中東などからの移民・難民が深刻な社会問題となり、政治・外交にまでその影響がおよんでいる。おそらくこれは、「第七サイクルの終焉《しゅうえん》」を象徴する出来事になるに違いない。

一六〇〇年前の「ローマ帝国滅亡」、八〇〇年前の「十字軍戦争」、そして現代の「9・11」に象徴される、民族大移動にまつわる問題。実は、八〇〇年ごとの大動乱はこれに限った話ではない。歴史をさらに遡《さかのぼ》って、ごく簡単に解説しよう。

まず、ローマ帝国滅亡の八〇〇年前、紀元前四〇〇〜三〇〇年には、西洋、ヨーロッパが目覚めの時を迎えていた。この時、バルカン半島の小国・マケドニアのアレキサンダー大王が東方に向かって大移動、宿敵ペルシアを滅ぼし世界征服を目指した。大王は、すさまじい勢いで中央アジアからインドまでを手に入れ、巨大な帝国を作り上げた。そして、ヘレニズム文化が誕生する。これをきっかけとして、殷《いん》をはじめとした中国、インド、中央アジアのアッシリア、ペルシアなどで栄えた古代アジア文明が衰退し、ギリシア・ローマの西洋文明が隆盛を極めた。これも、形を変えた「民族大移動」である。

さらに八〇〇年前に遡ると、紀元前一二〇〇〜一一〇〇年には「エジプト新王国」文明が崩壊している。この時期、「海の民」と呼ばれる民族集団が地中海の各地に侵入し、ヒッタイトやミケーネといった文明が衰退して行った。さらに、ギリシャ人の一派であるドーリア人がギリシャ北部から南下し、バルカンへと民族大移動し、定住している。これらも、大規模な民族移動である。エジプトおよびエーゲ海文明が衰退すると、今度は東に陽《ひ》が当たり始め、古代アジア文明が花開いた。

このように、「八〇〇年周期説」に基づく文明の移行期においては、ほぼ必ず民族のダイナミックな移動が起き、地球規模の大動乱が起きてきたのだ。そしてそれは単なる歴史上の逸話《いつわ》ではなく、まさに私たちが生きる現代にも起きようとしているということに留意しなければならない。

「世界文明総図」が現しているもの

さて、今少し踏み込んで、この八〇〇年周期の「中身」も見て行こう。もう一度、五八～五九ページの図をじっくり見ながら読み進めていただきたい。この文明の八〇〇年周期を発見した村山節氏が作成した「世界文明総図」では、紀元前四四〇〇年から現在までの約六四〇〇年を八〇〇年ごとに区切り、東西の文明の高調・低調の動きを図表化して示している。時間軸は左側の過去から右の現代へと進んでおり、そして縦軸はそれぞれの文明の隆盛、衰退の度合いを現している。それぞれ波形のような曲線になっているが、これは文明が勃興し成長している時期が上向きに、頂点をすぎて衰退している時期が下向きで現される。

こうしてみると一目瞭然だが、東西それぞれの文明はその盛衰のサイクルがちょうど逆になっているのだ。私は、二〇世紀もいよいよ終わりという時期に初めて村山氏からこの図を見せてもらいレクチャーを受けたのだが、その時は「そんなバカな」と思った。しかし、調べれば調べるほどこの周期説がピタリと符合することがわかり、慄然《りつぜん》とした。しかもその周期性は、不思議なことに自然科学の摂理とも非常に似た構造をとっているのが興味深い。

まず、文明サイクルのアップダウンは、季節の春夏秋冬にとてもよく似ている。文明を四季に見立てれば、一つの文明圏は八〇〇年の勃興（春）・隆盛

（夏）と八〇〇年の衰退（秋）・凋落（冬）という大きな移ろいを見せている。

そしてこの構造は、実に数学的な美しさも兼ね備えている。高校の数学で「三角関数」を習うが、そこに登場するsin（サイン）、あるいはcos（コサイン）がちょうどこれと同じ波形を示すのだ。三角関数は、三角形の辺と角の比から発展した関数だが、実は円とその循環とも非常に密接な関係を持つもので、ある意味で四季の循環とも関係していると言える。

そして東西の文明サイクルは、アップダウンのサイクルが逆であるという点も数学的に見て非常に美しい。sinとcosは、同一の座標軸上に作図すると波形の増減がちょうど逆になるように描かれる。物理の世界では「逆位相《ぎゃくいそう》」と呼ぶが、自然科学の原理の中にはこのような形が頻繁《ひんぱん》に登場する。人類の文明史の中にも、こうした構造が浮かび上がるのは実に不可思議な魅力を感じる。

さらに言及すれば、この図柄は「二重らせん構造」にもなっている。そう、人間をはじめ生物が種を永らえるために先祖から受け継ぎ、子孫に受け渡して行く遺伝情報を詰め込んだＤＮＡ（デオキシリボ核酸）の、あの構造である。

もはやこれは「文明のＤＮＡ」といって差し支えないほど規則的であり美しい。文明も、人の一生と同じく寿命がある。しかし、文明が終わりを迎えてもすべてが失われるわけではない。文明が遺した科学技術や発明、芸術などのエッセンスは次の文明に取り込まれ、次の文明の発展に大きな役割を果たして行く。まるで、祖先が環境に適応して獲得した形質が、ＤＮＡに乗って子孫に引き継がれて行くようである。土木技術や、文字や、芸術や、社会システムといった、それぞれの時代の文明が獲得した形質を人類は貴重な財産として受け継ぎ、それを発展させてきた、その営みが、この「世界文明総図」なのである。

次の文明を支えるのは何か？

さて、今少しこの図の詳細を見てみよう。東西それぞれの文明には八〇〇年の「興隆期」の後に八〇〇年の「衰退期」が続くというリズムがあるが、「四季」になぞらえたように興隆期が最高潮を迎えるまでに約四〇〇年、さらに最

文明サイクルのアップダウンとDNAの二重らせん構造

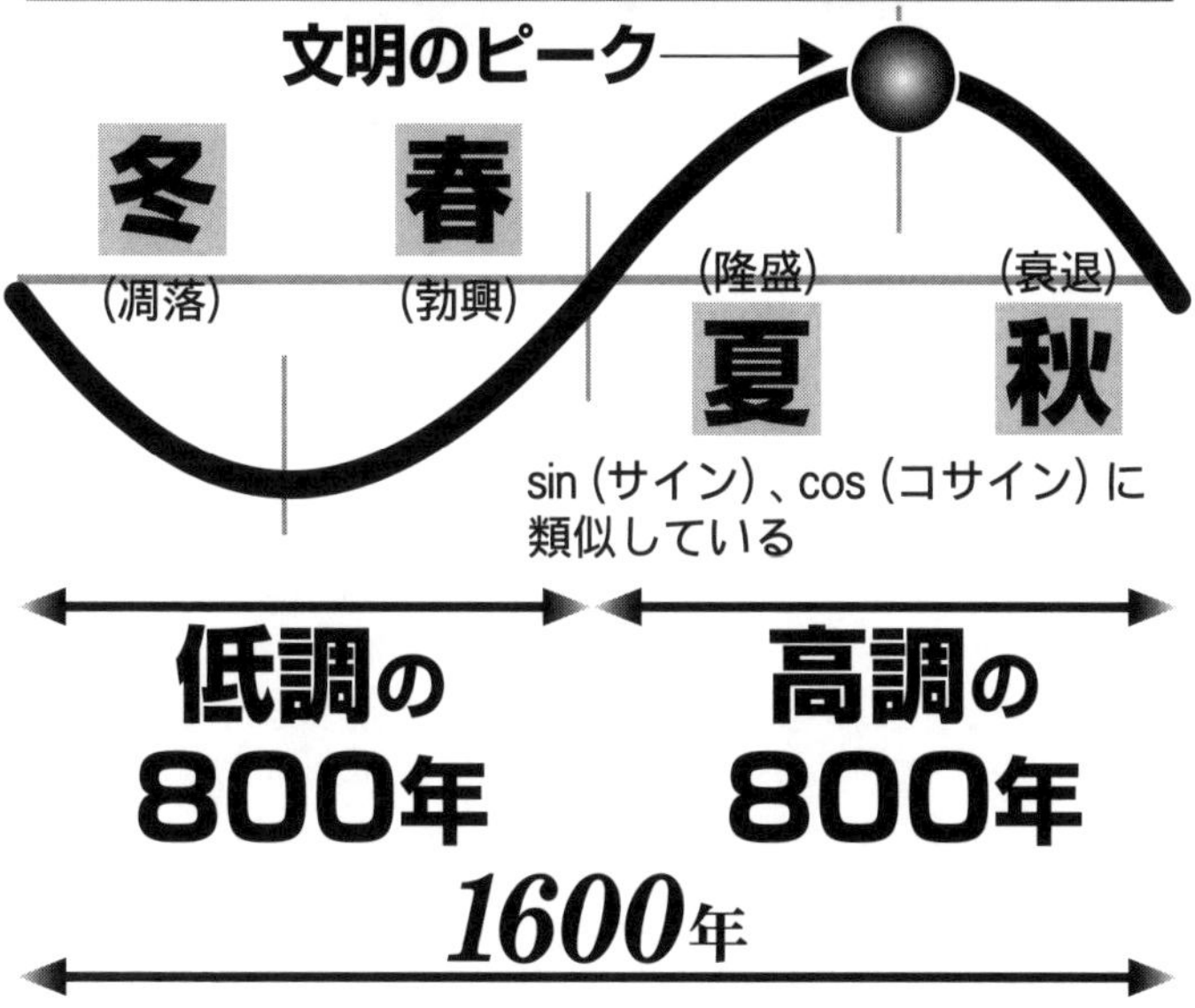

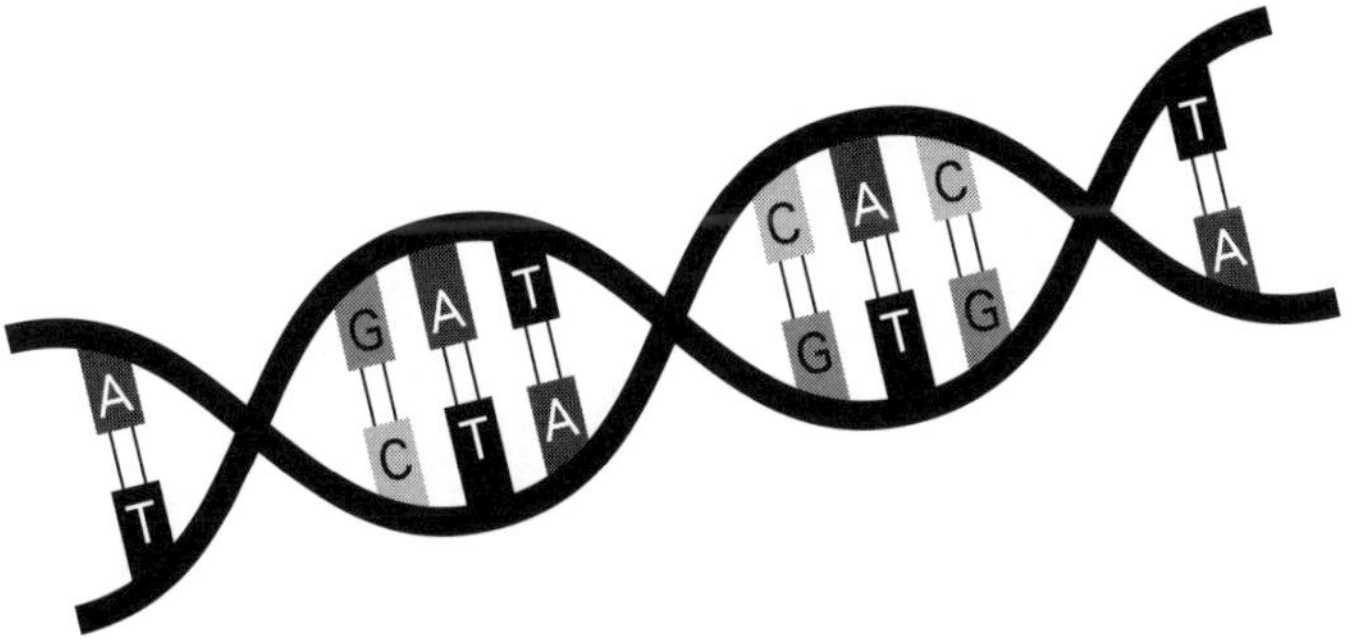

2本のDNA（デオキシリボ核酸）の鎖はチミン（T）とアデニン（A)、グアシン（G）、シトシン（C）の間にある水素結合によって「二重らせん構造」になっている。

高潮からの下降期が約四〇〇年、そして衰退期から谷底（最低期）までが約四〇〇年、さらに谷底から再び上昇し、興隆期を迎えるまでが約四〇〇年というサイクルとなっている。

また、八〇〇年間の繁栄の時代が、単一の国家、単一の文明で占められるのではなく、それぞれの文明圏の内部において「覇権の移行」が起きている点も非常に重要であり、留意しておくべき点だ。例として直近の「第七サイクル」を見てみると、十字軍戦争以降に覇権国家が西洋世界でおよそ一〇〇年程度の単位で次々と移行して行ったことが見て取れる。

前述したように、十字軍戦争を契機として東方交易が盛んになり、まず繁栄したのが貿易都市ベネチアだ。高度な東方文明が集積し、西側世界の富が集積し、栄華を極めたベネチアから、さらにメディチ家が台頭してフィレンツェが大いに繁栄、ルネサンスが花開いた。一二世紀から一四世紀は、まさにイタリアの時代だった。

しかし、一五世紀なかばから大航海時代が始まると、大西洋に面したスペイン、ポルトガルが中南米からの莫大な資源で富を獲得、さらに「無敵艦隊」として知られる強力な海軍力を擁《よう》し、覇権を確立した。
その後、スペインから独立を果たしたオランダが、スペインやポルトガルとは一線を画す「アジア貿易」のルートを確立すると、アジアでの香辛料貿易を独占し、一気に経済発展した。さらに北米大陸へのルートも確立、一七世紀はスペインに代わってオランダが覇権を握る時代となった。

しかし、そのオランダの覇権も一〇〇年ほどの命運となった。一八世紀から一九世紀にかけて、産業革命によって急速に力を付けたイギリスが台頭したのだ。市民革命の後、ナポレオンが台頭した強国フランスに対して、一八一五年ワーテルローの戦いで勝利すると、覇権は海を渡りイギリスへと移った。

それから一〇〇年ほどの間は、帝国主義的拡大によってイギリスは「日の沈まぬ国」の座を維持した。しかし、やはり「覇権移行の力学」に抗うことはできなかった。第一次世界大戦が勃発する頃には、他国を制するほどの国力を維持できなくなっていた。最終的に、経済的にも圧倒的な成長を果たしたアメリカがヨーロッパの戦争に介入、戦後の国際秩序作りに主導権を取る形で覇権は大西洋を越えた。

このように、イタリア（ベネチア＋フィレンツェ）→スペイン→オランダ→イギリス→アメリカと覇権は移って行ったが、この「西洋の時代」に大きな役割を果たしたのが、「資本主義」である。

まず、フィレンツェでは、メディチ家がアラビアから簿記の技術を持ち込んで複式簿記を作り、銀行の礎を築いてヨーロッパに普及させた。スペインももちろんこの技術は利用したが、資本主義の芽をさらに発展させたはオランダだ。世界最初の株式会社は「オランダ東インド会社」だし、首都のアムステルダムは世界金融の中心地として大いに栄えた。その後、イギリスに覇権が移ると産業革命による爆発的な経済成長と相まって、資本主義は確固たるシステムとして完成した。そして、アメリカが覇権を取ると、第二次世界大戦期から目覚ましい技術革新を遂げたコンピュータの導入によって、資本主義のシステムはより複雑化、高度化して、いまや現代社会のあらゆる場所に浸透した。

覇権の移行

イタリア（ベネチア＋フィレンツェ）

↓

スペイン

↓

オランダ

↓

イギリス

↓

アメリカ

↓

そして東洋文明に大転換？

これまで、資本主義が「覇権の力」を支えてきた。次なる時代にはいかなる発明が文明のカギとなるか？

国家間の闘争と言えば、かつては軍隊を送り込み、ミサイルを発射するといった「軍事力」がモノを言った。あるいは、宗教こそが人心を掌握《しょうあく》し、権力を束ねた時代があった。もちろん、今でも究極的な意味では軍事力が国力であるし、宗教が国際政治に大きな影響力をおよぼしている側面はある。しかし、ここ数百年におよぶ資本主義の発展で、世界中あらゆるところに資本主義システムが浸透したことで、「経済的に敵国を攻撃する」ことがかつてなく効果的な時代になっている。経済は、人類の営みを支えるだけでなく、社会を統制したり破壊したりする「武器」としての側面も持つようになったのだ。

では、「文明の八〇〇年周期説」に基づくと、これから世界はどのようになって行くのか。たびたび解説した通り、二一世紀は東西の文明サイクルが交代する大転換期である。西洋文明の覇権は終焉し、東洋に新たな覇権国家が登場する。つまり、アメリカが西洋最後の帝国となるということだ。実際、アメリカは二〇一〇年代以降明らかに国力の衰退が見て取れる。覇権国として世界を統治する意思も、国力も失いつつある。

ただ、このまま衰退するかと言えば、「八〇〇年周期」に従うならそうはならない。実は、覇権の移行によって混乱するのは「新たな覇権国」であり、「旧覇権国」は最後の輝きを見せることが多いのだ。実際、イギリスからアメリカに覇権が移行した前後、すなわち一九世紀末から二〇世紀初頭において、アメリカではたびたびデフォルトや恐慌が起き、さらに一九二九年には世界大恐慌で未曽有《みぞう》の経済危機を経験している。一方で、この間のイギリスの通貨であるポンドは強く、新覇権国に比して安定した「落日」を過ごしていた。

現在、アメリカと覇権を競い得る国と言えば中国だが、現状の中国は特に経済的に厳しい舵取りを迫られている。不動産問題に端を発した莫大な「隠し債務」が大きな懸念材料となっており、さらに高度先進国になる前に〝人口ボーナス〟が終了し「未富先老《みふせんろう》」に陥る危険もささやかれる。問題山積《もんだいさんせき》という状況であるが、これは新覇権国が乗り越えなければならない試練と言える（これが乗り越えられなければ、別の覇権国が台頭することだろう）。

いずれにしても、ここ数十年程度はそれぞれの大国が思惑を巡らせながら

「中原逐鹿《ちゅうげんちくろく》」の混乱が繰り広げられるに違いない。その趨勢《すうせい》を見通すことは困難だが、私たちがこれまで生きてきた比較的平和な時代は終焉し、激しい動乱となることだけは覚悟しておくべきだ。

日本はいかなる「どん底」を迎えるのか

このように、国家や文明には秘められた周期性が厳然と存在する。そして、（多少の誤差はあるものの）その周期をなぞるようにして国家や文明の盛衰は運命付けられているのだ。

すると、その国家や文明の歴史を振り返れば、今が周期のどのあたりに位置するのかがわかり、これから起こることもおおよそわかってくるというわけだ。

そうして見て行くと、日本が位置するのは「どん底」寸前である。一九八五年のピークから折り返してバブル崩壊による転落、そして「失われた三〇年」の衰退のサイクルを過ごし運命の四〇年後、つまり、二〇二五年が目の前に迫っているのだ。

過去二回のどん底を振り返って、おそらく読者の皆さんは「本当に明治維新や敗戦のようなどん底がやってくるのか⁉」と疑問にお感じだろう。なにしろ、今のところ日本には表向き内乱も戦争もなく、懸念される財政破綻も気配すら感じられない。インフレによって暮らし向きは若干《じゃっかん》の厳しさを増しているものの、まだ大多数が「食って行けない」というほどではない。

しかし、油断は禁物である。「どん底」は、ある日、一つの象徴的な出来事を境にして突然やってくることもある。実際には、そこに至る様々な条件が水面下で整ったところで、「蟻《あり》の一穴」のごとく一つのきっかけが破局につながるというものだ。

すでに日本には、その条件が揃いすぎるほどに揃っている。天文学的な政府債務、少子高齢化による国力衰退、南海トラフ地震、首都直下型地震、富士山噴火など天災の発生確率の増大、台湾有事や朝鮮半島有事、そして中東での全面戦争といった地政学リスクの高まり――ちょっとしたきっかけが一つあれば、そこを起点にして破局的な事態に繋がって行くことは容易に想像できるだろう。

そして、「どん底」から立ち直るには少なくとも一〇年程度の歳月が必要となるだろう。したがって、二〇二五年には極めて重大な注意が必要だ。起点となる出来事が発生し、それから一〇年後の二〇三五年頃まで「まさかこんな地獄がくるとは！」というような、信じられない「どん底」が私たちを待ち受けている可能性が高いためだ。

第一章では、「歴史の周期性」という観点から私たちに迫る危機を見てきた。次章以降、さらに具体的に私たちに迫る危機について見て行く。恐ろしい未来の話が続くが、決して目を逸《そ》らさず、何が起き得るのかをしっかりと認識していただきたい。正しく認識し、正しく恐れることができれば、正しい備えができる。それこそが、生き残りのための正道《せいどう》である。

第二章

スマホが使えなくなる日

――太陽爆発によるＩＴ社会の崩壊

文明の利器は便利な暮らしをもたらしもしたが、
私たちにおよぼした損害も計り知れない

（マハトマ・ガンジー）

あのローマ帝国でさえも滅びてしまった

大学生の頃、無理矢理お金を工面して敢行《かんこう》したヨーロッパへの貧乏旅行は、私の心を大きく成長させると同時に、その後の活動の礎《いしずえ》を築くのに十分な旅であったと言える。

第一次世界大戦の激戦地であったフランスとドイツの国境の地方にある丘を訪れた際、まだ若かった私にとって戦争とはいかに悲惨なことかを強く認識させると同時に、軍事分野に対して強い関心を抱くようになった。それが影響したのだろう。後にアメリカの北米航空宇宙防衛司令部（ＮＯＲＡＤ）で当時最先端の軍事施設（米ソ核戦争を想定した施設）を単独で取材し、その内容をまとめて人生初の書籍を発刊した。今はメインテーマを軍事から経済へとジャンル変更しているが、この出来事が著述者・浅井隆を誕生させたのである。

また、イギリスを訪れた際には、ロンドン塔に保管されている世界最大級のダイヤモンド「アフリカの星」に目を奪われた。厳重な警備の中で立ち止まることを許されず、歩きながらのわずかな時間で拝観したが、それでもまばゆく輝く圧倒的な存在を目の当たりにし、魅了されるのには十分であった。

後年になってそれなりに資産を築いた際、ダイヤモンドを自身の資産の一部に取り入れ始めたのには、間違いなくこの経験があったからである。そして、いかに安く良質なダイヤモンドを手に入れることができるかを長年に亘り調査し、今ではダイヤモンドを資産保全の一つと位置付け、「ダイヤモンド投資情報センター」（詳細は巻末にてご確認いただきたい）を立ち上げた。そこでは、一般的なデパートや高級宝飾店の二分の一、あるいは三分の一という驚くほど安い価格で手に入れられる情報を提供するに至っている。

もう一つヨーロッパへの貧乏旅行のエピソードとして今回詳しくお伝えしたいのが、イタリアのフォロ・ロマーノを訪れたことである。フォロ・ロマーノとは、紀元前六世紀から紀元三世紀まで古代ローマの政治・経済・商業の中心地として栄えたところだ。「すべての道はローマに通ずる」という言葉があるが、そのすべての道のたどり着く先がフォロ・ロマーノの中を通る〝ヴィア・サクラ〟と呼ばれる〝聖なる道〟を指す。学生時代にこのフォロ・ロマーノの巨大遺跡群を前にして、ある感情があふれ出ると同時に大きな気付きを得た。「これだけ広範囲に壮大な規模の建造物を作るほど栄えたローマでさえ滅びた」という無常観。そして、この地球上において、どんな文明であろうがいずれはすべて滅びるという、一つの真実を知ることになった。

いかにローマが偉大な国であったか、少し話をしておこう。

古代ローマは、紀元前七五三年四月二一日に都市国家として建国されたと言われている。そこから支配地域を拡大、その後衰退したのだが、その過程で東西に分裂し、その傍《かたわ》らの東ローマは一四五三年まで、なんと二〇〇〇年以上に亘って存続したのである。最盛期は紀元一世紀から二世紀、五賢帝の一人、トラヤヌス帝の時代で帝国領土は最大となった。北は現在のイギリスであるグレートブリテン島の南半分から、南はアフリカ大陸の地中海沿岸地域まで、西はスペインのあるイベリア半島から東はメソポタミアと呼ばれる現在のイラクやアゼルバイジャンに至るまでの、広大な版図を手中にしていた。

紀元一世紀と言えば日本では弥生時代であり、稲作が行なわれ、力を蓄えた集団である「クニ」ができていた頃で、人々は縄文時代とあまり変わらない竪《たて》穴《あな》式住居で暮らしていた時代である。その時代において、すでにローマでは石造りの道路や水道、コロッセオに代表される巨大な構造物を建築できる高度な土木・建築技術を持っていたというから驚きである。

また、ローマ市内には十分な土地がなかったため、人々は「インスラ」と呼ばれる集合住宅に住んでいた。このインスラは、人口の急増に伴ってどんどん上に伸び、六〜七階建てのものすら珍しくなかったという。当初は材木と煉瓦《れんが》で作られており、後に原始的なコンクリートになったというが、大都市の高層マンションのようなものが当時すでに一般的だったのである。

それだけではない。強大な軍隊を組織・維持し、また広大な属州《ぞくしゅう》を統治する政治・行政機構もあった。芸術の分野でも、肖像彫刻やフレスコ画、ガラス工芸などが大きく発展している。極めて高い文明水準を持っていたことがわかる。

しかし、このように隆盛を誇ったローマ帝国にも終わりがやってくる。長きに亘る繁栄の過程で、ローマ帝国の統治機構は徐々に制度疲労を起こし、劣化して行った。広大な国土を守るための軍事費がかさみ、水道や道路などのインフラも劣化に対する維持が困難となった。また、ローマ市民や属州の民心を繋ぎ留めるため、財政規律は弛《ゆる》んで行った。

この財政規律の弛み、社会的堕落の象徴として〝パンとサーカス〟という表現がある。市民に無償で配られる食糧である「パン」と娯楽である「サーカス」（主に競技や闘技の観戦）のことで、権力者によるいわゆる〝ばら撒き〟による人気取り政策が、無計画に行なわれたのである。

ローマは五賢帝以降、政治的混乱が頻発し、権力争いが熾烈《しれつ》になって行った。それに加えて、五賢帝以降の時代には異民族の侵入や奴隷の反乱が頻発するようになった。こうした要因の背後には、ヨーロッパ全体での気候変動による耕作地の問題、そして飢餓《きが》の問題があったであろう。

いずれにしても複合的に要因が絡み合い、ローマ帝国は衰退し滅亡を迎える。

先ほど、最終的な年号を東ローマがオスマン帝国に滅亡させられた一四五三年としたが、実際には三九五年ローマが東西に分裂した時代から、かつての帝国としての力は失われていた。そしてローマ文明という観点では、西ローマがゲルマン人の侵攻を受けて滅亡した四七六年が文明崩壊の瞬間であったと言える。この時、実に一〇〇〇年に亘って栄え、人類史に初めて覇権国家としてその名を刻んだ巨大帝国は、終焉を迎えたのである。

ここで、再度繰り返しておこう。いかに圧倒的で強大な存在であったとしても、すべての文明はいずれ滅びるのである。

過去にあったすべての文明は滅んでいる

ローマ帝国の文明崩壊は、複合的な要因が絡み、徐々に衰退への道を進んで行った。これは、現代の日本と似た部分が多い。日本国の統治機構、すなわち政治体制は制度疲労を起こし、劣化している。過去に比べて軍事費はそれほど

あの巨大帝国ローマも、やはり滅んだ。
いまや廃墟となり、観光客が訪れるローマのコロッセオ。
（photo:（株）第二海援隊取材班）

増えていないが、道路などのインフラは劣化に対する経費がかさんでいる。何より、高齢社会の到来で社会保障費が年々急拡大している。さらに、ローマ帝国が行なった〝パンとサーカス〟の政策のように、人気取りのために〝ばら撒き〟をひたすら続けている状態である。ローマ帝国と同じく複合的に要因が絡み合い、それが日本の国力を徐々に削っており、いずれ破綻という道へとまっしぐらに進んでいるのである。

少し横道に逸れたが、古代ローマ帝国や今の日本は徐々に崩壊を迎えるタイプということだ。それに対して、突如として崩壊を迎えるパターンも存在する。崩壊の要因は天災や外部からの侵略など様々あるが、ここで突然崩壊を迎えた例をいくつか挙げてみよう。

まず、ブルボン朝の絶対王政を倒した「フランス革命」（一七八九年七月一四日～一七九五年八月二二日）である。〝太陽王〟と呼ばれたルイ一四世が在位した一七一五年までが王朝の最盛期だから、そこから八〇年経たずにガラリと様相が変化したことがわかる。これは次章で詳しく解説するが、一七八三年に起きたラキ火山の大噴火によりフランス国民が食糧難に陥ったことが大きな要因に挙げられる。逆に言えば、火山噴火がなければフランス革命は起こらず、国王による絶対王政が崩壊することはなかったかもしれないのである。

次に、挙げるのは「古代マヤ文明」である。マヤ文明はメキシコの南部と中米にかけて広がっていた文明である。マヤ文明はいくつもの謎に包まれており、発生起源が不明なこともその一つだ。日本の縄文時代のような狩猟採集民が、紀元前七〇〇〇〜紀元前二〇〇〇年頃に定住したのが始まりであろうと言われている。また、高度な文明が築かれていたことも謎の一つである。

洗練された石器を使いこなし、ピラミッドや大都市を建設している。サン・バルトロ遺跡で発見された紀元前三〇〇年のものとされる壁画には、高度なマヤ文字が記されている。数は二〇進法で現されるマヤ数字が用いられ、なんと〝ゼロの概念〟まで持っていたという。特に複雑な体系を持つ「マヤの暦」は有名である。かつて、終末論「ノストラダムスの大予言」と同じように、終末信仰で二〇一二年人類滅亡説というのが一時世界で話題になったが、あれはマヤ暦の一つ長期暦が二〇一二年一二月二一日～二三日に区切りを迎えることに起因している。もっとも、マヤ暦自体には二〇一二年一二月に人類が終焉を迎えるなどという解説は一切ない。ただ、人類滅亡説という眉唾《まゆつば》ものの現代の陰謀論に引っ張り出されるほど、マヤ暦が高度な天文学と数学に基づいた、しっかりした裏付けを持つものであったという証《あかし》である。

そんなマヤ文明の終焉は大いなる謎で、ピーク時には七万人が暮らしていたとされるマヤ南部の複数の都市で、紀元八〇〇年から二〇〇〇年の間に突如として人がいなくなったのである。彫刻家は手掛けた作品をそのままに、宮殿や神殿の建設は未完成のまま中止され、すでにできている都市や壮大な寺院は打ち捨てられていた。その要因については、干ばつや国家間の紛争、あるいは人口の飽和《ほうわ》などいくつか挙げられているが、依然として謎のままである。ただ事実として、数千年という長きに亘って高度な文化を花開かせたマヤ文明が今から一二〇〇年前に突如として崩壊した、ということなのである。

次は、中国の長江デルタと呼ばれる長江河口の三角洲《す》、現在の上海市近辺で栄えた「長江文明」の話をしよう。この文明は、今から七五〇〇〇年前という世界最古の稲作栽培を基盤として栄えた新石器文明を指す。これが三三〇〇〇年もの長い繁栄のあと、突如として消えてしまったのである。再び文明に火が灯《とも》るのはそれから三〇〇〇年後のことで、長江文明は〝一時中断〟しているのである。

この中断した原因について多くの考古学者や地質学者が研究を行なってきたが、長年謎のままであった。それが、東京大学大気海洋研究所による最近の研究で、かなり有力な説が出てきた。東京大学大気海洋研究所が長江デルタの近くで採取した海洋堆積物コアを用いて過去の表層海水温変動を分析した結果、約四四〇〇〇年前〜三八〇〇〇年前に大規模で、しかも複数回の急激な気候寒冷化イベントが発生していたことを突きとめたのである。これは、ちょうど長江文明が一時中断していた時期と重なる。その研究によると、温度低下は三〜四度で、それにより稲作がそれまでのようにできなくなり文明が崩壊した、と分析されている。

ちなみに、世界四大文明と言えば「メソポタミア文明」「エジプト文明」「インダス文明」の他、昔は残り一つに「黄河文明」を入れていた。それが最近、この「長江文明」の存在がわかり、今では「長江文明」と「黄河文明」を合わせて「中国文明」と呼ぶのが一般的になりつつあるようだ。

ここまで、いくつかの崩壊事例を見てきた。しかし、忘れてはいけない。これまでとは比較にならないほど大きな、地球規模での突然の崩壊劇がある。それは、「隕石《いんせき》の衝突による恐竜の絶滅」である。

今から六六〇〇万年前のことで、直径一四キロの山ほどの大きさのある小惑星がメキシコのユカタン半島に衝突。これによって恐竜が絶滅したのだ。一九九〇年代には、これによってできた直径二〇〇キロメートルに達する巨大クレーターが確認されている。隕石衝突により、まず一〇〇〇キロメートルの範囲はすべてが焼け野原になる。熱放射により、草木、植物また生物は一瞬のうちに焼かれた。それに遅れてやってくるのが、巨大津波、そして衝撃波である。ただ、それだけで恐竜が絶滅したわけではない。問題はその後で、衝突によって巻き上げられたチリが地球全体を覆《おお》い、太陽の光が地球に届かなくなってしまったのだ。暗く冷たい夜が何年も続き、植物は枯れ、食糧が乏しくなったことで恐竜が絶滅したのである。この異変により、当時の七〇％の生物が絶滅したと言われている。まさに、地球規模の大崩壊劇であった。

今、隕石衝突による現代文明の崩壊というと「まさか、そんなことが起こるはずがない」と絵空事《えそらごと》に思われるかもしれないが、実は最近、気になる話題がある。それは、直径三三五メートルの小惑星「アポフィス」が二〇二九年四月一三日の金曜日に地球に最接近し、肉眼でも見えるほどの距離をかすめるというものである。当初ＮＡＳＡは、アポフィスが二〇二一年三月に地球に接近した際の軌道から「アポフィスは、少なくとも今後一〇〇年間は地球に衝突しない」と予想していた。しかし、新しい研究では、アポフィスが別の天体と衝突して軌道を変えることで、地球に衝突する可能性が示されたのである。

もちろん、地球に衝突する確率はそれほど高くないが、今後の軌道には注意しておく必要があるだろう。現在、アポフィスは観測できない場所にあり、ＮＡＳＡは二〇二七年にアポフィスの軌道を再度測定する予定である。

太陽による恩恵と脅威

さて、隕石衝突についてはＮＡＳＡの続報を待つとして、それよりも皆さんには今まさにすぐにでも備えるべき、現代文明崩壊の危機に立たされている現実をお伝えしたい。

過去にあったすべての文明は崩壊しており、しかもその崩壊は突然、予期しない形で訪れることがある。今回お伝えする「太陽嵐」というものは、まさにそれを引き起こしかねない厄介な現象なのだ。この太陽嵐が、今のＩＴ化された社会をすべて壊してしまうかもしれない。しかも、タイムリミットは目前の二〇二五年なのである。

太陽は、古来より人の営みに大いなる恵みをもたらしてくれるものである。太陽の光が数年に亘りほとんどなくなったことで、七〇％もの地球上の生物が絶滅したように、生物は太陽なしで生活することはできない。だから、人は昔から太陽を崇《あが》めるべき最上級の存在として敬意を払ってきている。ギリシャ神話のアポロンや日本神話の天照大御神《あまてらすおおみかみ》、エジプトのアメン・ラー神や先ほどのマヤ文明における〝キニチ・アハウ〟は、いずれも太陽神を意味する。今も残る元旦の初日の出に新年の幸せを拝《おが》む風習は、まさに太陽信仰の姿である。

太陽が私たちに与えてくれるのは、明るい光と同時に膨大な自然エネルギーだ。太陽は作物が育つための光と温かさを与えてくれる。植物が光合成により酸素を作り出す時にも、太陽は欠かせない。そして現代社会においては、太陽のエネルギーを太陽光発電という形で利用したりもしている。

そんな私たちに恵みを与えてくれる太陽が、実は現代社会においてはすべてを崩壊させるほどの脅威になるかもしれない存在なのである。その脅威を説明するために、改めて太陽とは何かを解説しておこう。小中学校の理科の授業のようになるが、これから私たちに何が起こるのかを知るための重要なポイントなので、少しお付き合いいただきたい。

まず太陽は、地球のような地面を持たず岩石の核《かく》もない星である。ほぼ完全な球体の形をしたガスの塊《かたまり》で、その表面は主に質量比で水素七三～七四%、ヘリウム二五%、その他一～二%で構成されている。ガスの塊というとふわふわとした白い雲を想像されるかもしれないが、太陽の質量は地球の三三万倍だから、とてつもなく高密度なガスの塊であることがわかる。そして太陽では、その成分である水素が常に核融合《ゆうごう》を起こしており、そこで発生した膨大なエネルギーの一部が光や熱として地球に届いているのである。

つまり太陽とは巨大な原子炉のようなもので、そこで常に核融合が起きることで膨大なエネルギーが発生し、その一部のエネルギーが地球に光や熱という形で降り注いでいるのである。

ここで問題は、太陽で起きている核融合が常に一定の規模ではなく、たまに活発になるということである。太陽の活動には約一一年ごとの周期があり、最も活発になる時は「極大期《きょくだいき》」と呼ばれ、核融合が普段よりも活発になる。その時に「太陽フレア」と呼ばれる大爆発が起きたりするのだが、大規模な太陽フレアが発生すると電磁波や磁場の波、高エネルギー粒子などを含む「太陽嵐」

が爆発的に放出される。

普段でも太陽嵐は発生しているが、それらは地球の磁気圏《じきけん》や大気圏を通過する際にほとんどすべてが減衰《げんすい》し、影響は微々たるものである。カナダや北欧の地域でたまに見られるオーロラは太陽嵐によって引き起こされたものだが、せいぜいその程度である。

しかし、極大期の太陽嵐の場合は勝手が異なる。太陽嵐の規模が大きくなると、それが大きな弊害を引き起こしかねないのである。

太陽が極大期を迎える年、それが間近に迫るのは来年の二〇二五年にあたる。そのため、思わぬことが起きるのではないかと今から危惧されているのだ。

実は、二〇二四年五月に大規模な太陽嵐が発生しているが、その影響でその年の五月一一日から一二日にかけて、ここ日本でも各地でオーロラが観測された。オーロラだけであれば綺麗な天体現象で済むが、太陽の活動がさらに活発になる二〇二五年は、それだけでは済まない可能性が高い。特にＩＴ化が発達した現代において、この太陽嵐は致命的な影響をおよぼしかねないのである。

近代における大規模な「太陽嵐」

ここ二〇〇年くらいの近代において、太陽嵐の規模が最も大きかったのは、一八五九年九月に起きた「キャリントン・イベント」と呼ばれる太陽嵐である。一八五九年九月一日、太陽表面を観測していたイギリスの天文学者リチャード・キャリントンは、黒点の中に突如現れた二筋の白い光をとらえた。これが、太陽フレアを科学者が史上初めて観測した瞬間である。

翌日、このフレアにより噴出したプラズマ（電離ガス）が地球の磁気圏に到達し、激しい磁気嵐を引き起こし、たとえばカリブ海やハワイといった低緯度の地域でもオーロラが観測されるに至った。ロッキー山脈では、明るさのために鉱山夫が朝と勘違いして起きて朝食の支度を始めてしまうほどであったという。また、アメリカの北東部でたまたま夜中に起きた人が、オーロラの明かりで新聞を読むことができたそうだ。

そのキャリントン・イベントでは、アメリカ全土とヨーロッパで電報システムが停止するという被害が生じている。電信用の鉄塔は火花を発し、電報用紙は自然発火した。その一方で、電源が遮断されているのに送信や受信が可能であった電報システムもあったという。

不幸中の幸いとも言うべきか、当時の社会は電気への依存度がほぼなかった。電波（電磁波）が発見されたのは一八八八年で、それを実用化できたのは一八九五年のことである。電気の存在は電波が登場する前から確認されており、電気通信は始まっていた。それでも実用化されたのは、一八〇〇年代後半のことである。グラハム・ベルが実用的な電話を発明したのが一八七六年、エジソンが白熱電球を開発したのが一八七九年のことである。いずれも、キャリントン・イベントのあとの話だ。だから、当時の人々は奇妙な現象だと感じたもののそれほどの実被害がなかったことから、「大したことのない出来事」と受け止めたという。ちなみにその頃の日本は江戸時代（安政六年）であったので、直接的な被害はまったく生じなかった。

深刻な被害がもたらされたのは、その一三〇年後の一九八九年三月に発生した太陽嵐である。この時はキャリントン・イベントよりも太陽嵐の規模は小さかったものの、カナダ・ケベック州で九時間にもおよぶ大停電が発生し、六〇〇万人が被害を被っている。その経済損失は一〇〇億円超と見られている。

アメリカでは静止気象衛星ゴーズとの通信が断絶し、気象データが失われている。他にも、いくつかの衛星では何時間にも亘ってコントロールが失われた。また、非常に強いオーロラも発生しており、テキサス州やフロリダ州などの南方の地域でも観測された。当時は米ソ冷戦の最中だったことから、普段では発生しない空からの光を見て、多くの人々が核攻撃を受けたのではないかと心配したという。日本でもこの時、なんと宮崎でオーロラが確認されたそうだ。

過去に起きた大規模な太陽嵐

一八三一年に「わらべうた」を集めて発行された『尾張童遊集《おわりどうゆうしゅう》』に「地震

雷《かみなり》火事 おやぢ」という表現がある。これは、世の中にある怖いものを並べたものだが、この中にもちろんながら「太陽嵐」という言葉は入っていない。また地震による津波や洪水、また土砂災害などの怖さを後世に伝えるための自然災害伝承碑が日本の至るところに存在するが、太陽嵐の怖さを伝承するための過去の文献は存在しない。

それもそのはずで、一八五九年のキャリントン・イベントの時でさえ世界中で電気の依存度がまだほぼない状態であり、それより前になると電化製品が一切ない時代となる。だから、それらを妨害する電波や磁場が発生する太陽嵐は、脅威でも何でもなかったのである。

だからといって太陽嵐について過去の記録がまったく残っていないかと言えば、そうではない。右に挙げた「オーロラ」という、目に見える〝超常現象〟が日本や世界の各地に残っている。その現象から太陽嵐の規模を推し量ってみると、なんと一八五九年のキャリントン・イベントと同程度、あるいはそれよりも大規模な太陽嵐が、過去に幾度となく起きていることがわかる。

歴史を遡ると、まず一七七〇年九月一七日、江戸中期に起きた太陽嵐の記録で、深夜に京都からオーロラが見えたと伝わっている。それより前では一二〇四年二月二一日で、この時も京都でオーロラが観測されている。この二つの太陽嵐は一八五九年と同程度か、わずかに大きい規模であったと推察されている。

さらに遡ると、七七四～七七五年と九九三～九九四年の太陽嵐は、キャリントン・イベントよりも格段に規模が大きかったようだ。これについては、昔の屋久杉の年輪を調査する中で宇宙線の強度異常からわかったという。特に七七四～七七五年の方は、一八五九年の一〇倍の規模の太陽嵐であったというから驚きだ。日本ではそれを現す明確な文献はあいにく見付けられなかったが、イギリスでは日没後に「赤い十字架と見事な大蛇《だいじゃ》が出た」と記録されており、ドイツでは修道書に「燃え盛る二枚の盾《たて》が出現した」という記載がある。

そして、極め付けは今から一万四〇〇〇年ほど前、紀元前一万二三五一年に起きた太陽嵐である。この規模は七七五年の二倍、キャリントン・イベントの二〇倍の規模であったという。これは、フランスの大学チームが樹木の化石の

過去に起きた大規模な太陽嵐の例

大規模な太陽嵐が起きた年	特記事項
紀元前1万2351年	1859年の20倍の規模 過去最大の太陽嵐
774～775年	1859年の10倍の規模
993～994年	1859年より大規模
1204年	京都からオーロラが観測
1770年	京都からオーロラが観測 1859年の1割増しの規模
1859年	「キャリントン・イベント」と呼ばれる直近で大規模な太陽嵐
1989年	1859年よりは小規模だが経済損失は100億円超 宮崎でもオーロラが観測

「炭素14」の濃度を調査したことで、過去の太陽嵐の規模をこれだけ高精度に発見できたという。この紀元前一万二三五一年に起きた太陽嵐は、これまでわかっている地球上の太陽嵐の中で「最大の規模」となっている。

キャリントン・イベントの二〇倍にもなる規模の太陽嵐では、どのくらいのオーロラが見られたのだろうか。また、他の太陽嵐についても、当時体験した人たちはその超常現象に畏怖《いふ》や敬意の念を抱いたであろう。

ただ、実際に太陽嵐による被害となると、皆無《かいむ》のはずである。だが現代社会の話になると、そうは行かない。

二〇二五年、あなたのスマホが使えなくなる

なぜ、ここまで二〇二五年の太陽嵐を警戒する必要があるのか。それは、現代社会が電気に依存した生活をしているからである。もし、二〇二五年の太陽嵐がキャリントン・イベントに匹敵する、あるいはそれ以上の規模であれば、

その太陽嵐がもたらすものは、地球規模での「ブラックアウト（大規模停電）」になってしまうのである。

昨今では、太陽嵐による弊害についての研究が各国でなされており、日本政府でも深刻な懸念事項として扱うようになっている。最近の研究では、二〇二二年四月に総務省主催の「宇宙天気予報の高度化の在り方に関する検討会（第八回）」において太陽嵐についての最悪シナリオが公表された。

その最悪シナリオとは、一〇〇年に一回ほどの頻度で発生する極端な宇宙天気現象で、一八五九年に起きた巨大太陽嵐、キャリントン・イベントに匹敵するほどの太陽嵐の規模を想定したものだ。

それによると、スマホをはじめ携帯電話は、昼間の時間帯に最大で数時間程度のサービス停止が全国の一部のエリアで二週間に亘り断続的に発生する。また、スマホからのインターネット接続も困難になる。そして、携帯電話システムが使用できる周波数が一時的に逼迫《ひっぱく》するため、通信回線へのアクセスの集中や通信の途絶が発生し、緊急通報（警察一一〇番、救急車一一九番、海上保安一一八番）がつながりにくい事態が各地で発生するという。

影響を受けるのは、携帯の電波だけではない。短波帯の電波を用いる船舶無線や航空無線、アマチュア無線、そして短波放送は多大な支障が生じる。他の周波数の電波も、軒並み悪影響を被る。防災行政無線、消防無線、警察無線、タクシー無線、列車無線など、すべての無線システムが壊滅状態となる。

そして、ラジオ放送やテレビ放送も同じである。他にも衛星電波など電波の種類は多く、例を挙げるとキリがないが、いずれにしてもあらゆる電波が最大二週間に亘り全国的に断続的に使用不可になるというのが、総務省で行なわれた検討会の結論である。

アメリカでは二〇〇八年、太陽嵐に対して全米科学アカデミーが「激しい宇宙気象——その社会的・経済的影響の把握」というタイトルの報告書を発表している。それによると、強力な太陽フレアが地球の磁場を混乱させ、強力な電流によって高圧変圧器が故障し、大規模な停電を引き起こす恐れについて指摘している。もしそうなれば、アメリカだけで最初の一年間で一兆〜二兆ドルの

大規模な太陽フレアによる被害

想定される最悪の被害

・通信・放送が2週間断続的に途絶

・携帯電話で2週間断続的に通信障害

・測位精度の低下によるドローンや車両の衝突事故

・気象観測・防衛監視・船舶用などあらゆるレーダーが2週間断続的に途絶

・天気予報など衛星サービスが停止

・衛星の寿命が短縮、大気圏突入による損失

・航空・船舶の運航見合わせで物流が停滞

・広域で停電が発生、変圧器の損傷により電力供給に影響

被害が出て、完全復旧には四～一〇年かかることが予測されるという。また大型の変圧器は調達に年単位の時間がかかり、電力網が世界規模で破壊された場合、生産はほとんどできないとされる。日本よりも具体的な数字を入れて、かなり厳しい見通しが発表されている。

太陽嵐という、これまではほとんど脅威にならなかった未知のものに対して、アメリカはなぜ具体的な数字を入れての試算ができるのか。理由は、アメリカではこのような試算を昔からやってきたからではないかと推察される。

それは、米ソ冷戦時代に行なわれていた「電磁パルス攻撃」のシミュレーションに他ならない。私が軍事に関心を持ち、アメリカのＮＯＲＡＤへ訪問し取材したことは先に触れたが、その時に得た知識、核攻撃の最先端の戦略が、まさにこの電磁パルス攻撃だったのである。

核戦争の火ブタが切って落とされた際、まず米ソは一体何を攻撃するのか。それは、お互いの首都であるワシントンＤ．Ｃ．やモスクワではない。核戦争用の地下司令部などでもない。相手の本土のはるか上空、ほとんど真空《しんくう》に近い成層圏《せいそうけん》を核攻撃するのだ。核爆発には、通常知られている「爆風」「放射線」「熱線」の三つのすさまじい破壊的エネルギーの他に、「低周波」「中周波」「高周波」と幅広い周波成分を含んだ、強力な「電磁パルス」が放出される。その電磁パルスが上空から降り注ぎ、すべての電気機器を止めてしまうのである。

核による電磁パルス攻撃を初めて扱った『ザ・デイ・アフター』という映画がある。一九八三年一一月二〇日に全米でテレビ放送され、大反響を呼んだ。その映画に、次のようなシーンがある。米中西部の都市カンザスシティーの上空が突然、まるで数百の太陽に照らされたかのように白くまばゆく輝く。次の瞬間、奇妙なことに自動車やオートバイのエンジンが止まり、ラジオも聞こえなくなってしまう。映画館の照明も消え、電気ポンプで動いていた噴水まで止まってしまう。一体、何が起こったのか。人々は狂ったように車のエンジンスタートキーをひねるが、エンジンはピクリとも動かない。まるで、街全体の機能がリモコンで〝停止ボタン〟を押されてしまったかのような状態に陥ったのである。この不可思議な現象こそが、電磁パルス攻撃の影響なのだ。あらゆる電気機器が、すべてストップしてしまうのである。

核爆発による電磁パルスは、爆発高度が高くなればなるほど被害が広範囲になる。爆発高度が三〇キロメートルの上空であれば、半径六〇二キロメートルが被害範囲となり、一〇〇キロメートルの上空となると、半径一一〇〇キロメートルまでが被害範囲に含まれる。日本の本州は、北から南まで一二〇〇キロメートルだから、三〇キロメートル上空での核爆発で本州すべてが電磁パルス攻撃を受けることになり、上空一〇〇キロメートルの核爆発では日本列島とその領域のほぼすべてが被害を受けることになる。

同じ想定がアメリカでもできる。アメリカは南北の距離が二六六〇キロメートル、東西の距離が四五〇〇キロメートルである。この規模であれば、上空四〇〇キロメートルのところで核爆発を起こすと半径二二〇〇キロメートルが被害範囲となり、ほぼアメリカ全土が被害を受けることになる。当時の米ソ冷戦時代では、このような電磁パルス攻撃を考慮した戦争のシミュレーションが最先端だったのである。

ここで、重要な点に気付かないだろうか。そう、この電磁パルス攻撃の構造は、これまで話題にしてきた太陽嵐とほぼ同じ構造なのである。太陽という、巨大原子炉で繰り返し行なわれる水素の核融合。それが時折、大きな爆発を起こし、太陽嵐という形で全世界に降り注ぐのである。

突然、電気機器が一切使えなくなる――そんな生活はまったく想像できない。照明やテレビ、冷蔵庫、スマホを含めた一切の通信手段、パソコンやゲーム機器などの家電製品がすべて使えない。電車や飛行機、バスや車でさえ動かなくなる世界。ＡＴＭから現金を下ろすこともできない。コンピュータで制御されていた水道局も停止し、蛇口をひねっても水が出なくなるかもしれない。ガスも同じである。それだけではなく、自動化された工場や農業などは軒並みストップである。スーパーの物流システムも影響を受け、自動発注などが行なわれなくなり、スーパーにモノが並ばない状態が続くかもしれない。ＧＰＳが狂って位置情報にずれが生じるため、カーナビは役に立たなくなり、天気予報は精度が著しく低下する。レーダーが働かないから漁業もできなくなるだろう……。

例を挙げればキリがないほど、今の生活は通信や情報インフラに依存している状態である。こうなると、太陽嵐による被害は莫大な経済損失だけではなく、数週間から数ヵ月で餓死者が出るなど、命の危険性すら出てくる。

こんな、とんでもないことが果たして現実的に起きるのか。実は一〇年ほど前に、ひょっとするとそうなったかもしれない一歩手前の事態にまで直面していたことはあまり知られていない。

二〇一二年七月二三日に、なんとキャリントン・イベントに匹敵する太陽フレアが発生していたのである。その時は、たまたま爆発が地球の反対側で起きたため膨大な太陽嵐にさらされることがなく助かったが、もし直撃すれば先に述べた地獄絵図の状態になっていたかもしれないのである。

そう考えると、二〇二五年に太陽の動きが活性化する時に地球が巨大な太陽フレアの方向を避けることができるのかどうかは、〝運しだい〟なのだ。

私たちが生きて行く上で、世界には膨大な情報があふれている。その情報の洪水の中から本当に良い情報をいかに集め、それをどう分析し、どのような行動に移るか。情報収集、分析、判断により人類は経済活動を、並びにすべての営みを繰り返してきた。その大元である情報を、長期に亘ってすべて遮断する可能性のある太陽嵐は、どんな天災よりも脅威になり得る。しかも、これから将来、ＡＩなどの活用でますます通信や情報が拡充するわけで、その影響がはるかに大きいものになることが容易に考えられる。

現代社会において、太陽嵐により情報技術がストップすれば大混乱は必至だが、今後ＡＩ社会となり通信や情報インフラがより発達した時代になれば、それがコントロールを失った時の影響はさらにとんでもないものになるだろう。私たちは気付いていないだけで、テクノロジーが進化し便利になればなるほど、現代文明の突然死の危機は高まっているのである。

第三章　巨大災害の猛威

——南海トラフ、富士山大噴火、首都直下型地震

人類史上には時折、信じがたいことが起こっている

（浅井　隆）

人類は常に天災によって滅びかけてきた

地震、津波、洪水、暴風雨、高潮、竜巻、落雷、干ばつ、森林火災、大雪、土砂崩れなど、私たちが住む地球では、ほぼ毎日どこかでこれらの自然災害が発生し、経済被害はもちろん尊い人命まで失われている。自然災害は人間が対抗して勝てるような相手ではなく、災害による打撃をなるべく少なくするために事前の準備を整えたり、災害発生時に避難するなどしてきた。それでも大きな災害が発生するたびに、その地域に深刻な被害がもたらされてきた。

中でも、とりわけ規模の大きい巨大天災は、たびたび人類を危機的状況に陥れた。歴史を振り返ると、人類が存亡の危機に立たされるほどの極めて大規模な巨大天災が発生したことがわかっている。そのような天災は、人類の歴史をも大きく変えてきた。

一七八三年に発生したアイスランド南部にある「ラキ火山の大噴火」も、

ヨーロッパの歴史を大きく変えたと言われている。この噴火は単一の火口《かこう》ではなく、地表の割れ目から溶岩《ようがん》を噴出する「線状噴火」であった。長さは二五キロメートルに亘り、一四〇もの火口が新たに生まれた。私は、ヘリに乗って上空からラキ火山を見下ろしたことがあるが、延々と火口が連なる様子には開いた口がふさがらないほど驚いた。

熔岩の噴出は五ヵ月、噴火自体は八ヵ月に亘り続いた。ラキ火山の噴火は、アイスランドに壊滅的な被害をもたらした。流れ出した溶岩が山腹《さんぷく》の氷河を溶かしたため洪水が下流域の集落を襲い、二一の村が壊滅し二四一人が命を落とした。噴煙《ふんえん》により日照《にっしょう》が遮《さえぎ》られ、農作物はほぼ全滅した。極度の餌不足から多くの家畜が死に、肉や乳製品の入手が困難になった。噴煙による濃い靄《もや》のため出漁もままならず、漁獲量は激減した。多くの人々が餓死し、アイスランドの全人口の約二四％が失われたという。

大規模な噴火は、日照を遮り寒冷化をもたらすことがある。寒波の影響はヨーロッパ全域、さらには遠く北アメリカ大陸にまでおよび、農業に大打撃を与えた。フランスでは小麦が凶作となり、一七八五年から数年間に亘り深刻な食糧不足が発生した。当然、小麦価格は高騰し、それは食糧価格にも波及する。

一七六一から八八年にかけて、パンの価格は七倍に高騰した。パンが値上がりするたびに、生活に窮した人々によるパン屋の襲撃や暴動が多発した。年を追うごとに事態は深刻の度を増し、一七八八年には春の干ばつや夏の嵐などもあり、農作物に甚大な被害が生じた。さらに、同年末から翌年にかけては異常な寒波に見舞われた。民衆の我慢は、すでに限界を超えていた。一七八九年七月一四日、民衆の怒りはついに爆発した。群衆がバスティーユ監獄を襲撃し、これを契機に争乱はフランス全土に波及、フランス革命へと発展したのだ。

バスティーユ監獄襲撃から約三ヵ月後の一〇月五日、パリでは武器を持った主婦たちが市庁舎前の広場に集まった。総勢二万人に膨れ上がった民衆は、ベルサイユ宮殿に向かった。一部は暴徒化し宮殿内に侵入したが、王や王妃を殺すことはなかった。彼らが要求したのは、パンであった。彼らは、誰もが飢えていたのだ。彼らにとっては、革命などよりも空腹を満たしてくれるパンの方がずっと重要だったに違いない。

ラキ火山の噴火が民衆に飢えをもたらし、絶対王政に対する民衆の不満が高まり、それがフランス革命へとつながって行った。ラキ火山の噴火が、フランス革命の大きな要因の一つであることは間違いない。

ちなみに日本でも、ラキ火山噴火からわずか二ヵ月後、浅間山が大規模噴火を起こしている。この「天明大噴火」は浅間山山麓《さんろく》の村を壊滅させ、大規模な火山泥《でい》流は吾妻川や利根川を通じて太平洋や江戸湾にまで到達したという。火山灰が日照を遮ったことで天候不順となり、それが「天明の大飢饉」の大きな要因になったと言われる。

一八世紀にポルトガルで発生した「リスボン地震」も、国家の歴史を大きく変えた巨大天災であった。一七五五年一一月一日、ポルトガルの首都リスボンをマグニチュード八・五〜九・〇と推定される巨大地震が襲った。その日はカトリックの教徒にとって「諸《しょ》聖人の日」であり、老若男女、多くの信徒が教会のミサに出席していた。地震が起きたのは午前九時半すぎ、ちょうどミサで人々が祈りを捧げている時であった。突然、大地が揺れたかと思うと、地底から突き上げられるような震動に襲われた。激しい揺れは六〜八分の間に断続的に三回発生し、人々を恐怖と混乱に陥れた。地震により、八割以上の建物が崩落し、二万人もの人々が即死したという。地震直後、教会で燭台《しょくだい》に灯されていたローソクの火が倒れ、各地で火の手が上がった。火は風にあおられ火災旋風《かさいせんぷう》となって、六日間に亘り町を焼きつくした。

地震と火災を生き延びた人々は河川敷や港などに殺到した。当時の市街には建物が密集し広場がなかったためだ。しかし、この避難行動が多くの人にとって命取りになる。ほどなくして海水が引き始め、海底に沈む貨物や船があらわになった。津波の前兆だ。そして地震発生から四〇分後、波高一五メートルに達する大津波がリスボンの町に押し寄せ、一万人もの人々が飲み込まれた。

当時、リスボンの人口は二七万五〇〇〇人であったが、地震、火災、津波によるこの巨大複合災害により、最大で九万人もの人が命を落とし、市内にある八五％の建物が破壊された。また、各国から集めた財宝や絵画など多くの文化的遺産も失われた。こうして、大航海時代に世界の海を制し、以来ヨーロッパ随一の繁栄を謳歌していたリスボンの町は、廃墟《はいきょ》と化した。

リスボン地震は、ポルトガル経済にも極めて深刻な打撃を与えた。産業が空洞化し、当時のＧＤＰの三～五割が失われ、政治も不安定になり、国力は低下して行った。この巨大災害が、その後のポルトガル衰退の要因の一つになったと言われているのだ。

さらに歴史を遡ると、ラキ火山噴火、リスボン地震ともまったく比較にならないとんでもない規模の巨大天災が起きている。七万四〇〇〇年前にインドネシアで起きた、「トバ火山の噴火」である。

インドネシアのスマトラ島北部に、トバ湖という世界最大のカルデラ湖がある。トバ湖は八四万年前、五〇万年前、そして七万四〇〇〇年前と過去三回の超巨大噴火によって形成されたと考えられている。超巨大噴火が火口を陥没させカルデラを形成、その後のマグマの上昇により湖内にサモシール島という大きな島ができた。そして過去三回の超巨大噴火のうち、七万四〇〇〇年前の噴火は人類史にとてつもなく大きな影響を与えたと考えられている。

火山の爆発の大きさを示す指標に「火山爆発指数」（ＶＥＩ）というものがある。ＶＥＩは０から８まで区分され、ＶＥＩの値が大きいほど爆発規模が大きいことを示す。噴出物の量で区分され、ＶＥＩの値が１上がるごとに噴出物の量は一〇倍になる（ただし、ＶＥＩ＝１とＶＥＩ＝２の間については、噴出物の量に一〇〇倍の差が付けられている）。ＶＥＩ＝０が非爆発的な噴火、１が小規模噴火、２が中規模噴火、３がやや大規模噴火、４が大規模噴火、５と６が巨大噴火、７と８が超巨大噴火とされる。一七八三年のラキ火山の噴火は、ＶＥＩ＝６と評価される巨大噴火であった。ちなみに、一九九一年の雲仙普賢岳の噴火はＶＥＩ＝４に区分される。

七万四〇〇〇年前のトバ火山噴火の規模は、なんとＶＥＩ＝８である。つまり、ＶＥＩで最大級の超巨大噴火ということだ。その噴出物は二〇〇〇～三〇〇〇立方キロメートルと推定され、他の巨大噴火と比べても桁違いである。「ＶＥＩの値が一上がると噴出物の量は一〇倍」で単純計算すると、トバ火山噴火の噴出物の量は一九九一年の雲仙普賢岳の約一万倍ということになるが、ほとんど誰もピンとこないだろう。雲仙普賢岳の噴火にしても、火砕《かさい》流などで四三名もの人たちが犠牲になった大災害であった。

トバ火山が吐き出した火山灰は世界各地に降り積もり、インドやパキスタン、中国南部などで数センチの厚さの火山灰の層が見つかっている。さらには遠くグリーンランドの氷床《ひょうしょう》コアにも、この時の噴火のものと見られる火山灰が封じ込まれていたという。

この超巨大噴火は、地球を寒冷化させた。噴火後の地球の平均気温は、三〜五度も低下したという。噴き上げられた大量の火山灰が太陽光線を遮ったためで、いわゆる「火山の冬」と呼ばれる現象だ。万年雪の境界線は、現在よりも三〇〇〇メートルも下がっていたという。日本列島は、大陸と地続きになった。また低緯度地帯では寒冷化に加えて乾燥化も進んだため、広範囲で森林が消失した。

このような環境の劇的な変化により、多くの生物が絶滅し、あるいは絶滅の危機に追い込まれた。人類も例外ではなく、ヒト属の中には絶滅したものもあったし、現生人類も絶滅寸前まで追い込まれた。

ドイツの進化人類学者マーク・ストーンキング氏は、現生人類がこのような過酷な環境を生き残ることができた大きな要因として衣服の発明を挙げる。その根拠となったのが、〝シラミ〟の進化だ。ストーンキング氏は、人間に寄生する「ヒトジラミ」の遺伝子を調べた結果、衣服に寄宿する「コロモジラミ」が頭髪に寄生する「アタマジラミ」から約七万年前に分化したことを突き止めた。このことから、人類は約七万年前に衣服を身に着けるようになったと考えられる。衣服を身に着けることで現生人類は厳しい寒さをしのぎ、生き残ることができたわけだ。

繰り返される「天災の歴史」

地震や火山噴火などの巨大天災は、一度起きればそれで終わりではない。同じ場所で繰り返し発生する。そのたびに人類を含め多くの生物を死に追いやり、時に人類の歴史をも塗り変えて行った。一七八三年に噴火したラキ火山は九三四年にも大噴火を起こしているが、その規模は一七八三年のものよりも大きく、人類史上においても非常に大きな噴火の一つと言われる。巨大地震が発生した一七五五年以前のリスボンでも、一五〇〇軒の家屋が破壊された一五三一年の大地震をはじめ、何度も大きな地震に見舞われている。トバ火山についても、七万四〇〇〇年前の超巨大噴火発生以前に一二〇万年前に大規模噴火、八四万年前に超巨大噴火、五〇万年前に大規模噴火が発生したと考えられている。

このように、巨大天災は繰り返し発生してきたが、発生周期は一定ではないため発生時期の予測は現代の高度な科学をもってしても困難だ。それでも、天災の種類によってはある程度の幅こそあれ、それなりの「周期性」が見られるものもある。

たとえば南海トラフ地震は、過去一四〇〇年間で約一〇〇から二〇〇年の間隔で発生している。南海トラフは、日本列島が位置するユーラシアプレートの下にフィリピン海プレートが年間数センチメートルの割合で沈み込んでいる。この沈み込みにより両プレートの境界にひずみが蓄積され、ひずみが限界に達するとプレートが大きくくずれて大地震が発生する。このような地震を「プレート境界地震」という。このメカニズムにより、南海トラフ地震は一〇〇年から二〇〇年程度の間隔で発生してきたし、今後も同様のパターンでの発生が予想されるわけだ。

前回の南海トラフ地震は「一九四四年の昭和東南海地震」「一九四六年の昭和南海地震」だ。すでに発生から八〇年ほどが経過しており、次の南海トラフ地震発生の可能性が高まっている。政府の地震調査委員会は、今後三〇年以内にマグニチュード八～九クラスの地震が発生する確率を、七〇～八〇%と算出している。

二〇二四年八月八日、宮崎県で震度六弱の揺れを観測したマグニチュード七・一の地震が発生した。これを受け、気象庁は南海トラフ地震の想定震源域で大規模地震が発生する可能性が普段より高まっているとして、「南海トラフ地震臨時情報（巨大地震注意）」を発表した。臨時情報は一週間で解除されたが、これらの動きに薄気味悪さを感じたのは私だけではないだろう。南海トラフ巨大地震の発生時期は、かなり近付いていると考えた方が賢明だ。

日本で発生する数多くの災害の中でも、発生した場合、極めて甚大な被害が予想される巨大天災がこの「南海トラフ巨大地震」と「首都直下型地震」、そして「富士山噴火」だ。改めてこれら三つの巨大天災について、どのような災害であり、どれほどの被害が想定されるのか確認しておきたい。

繰り返し発生してきた「南海トラフ巨大地震」

南海トラフ巨大地震は、これまで何度も繰り返し発生してきた。最も古い記録は六八四年に起きた「白鳳《はくほう》地震」で、日本最古の歴史書『日本書紀』にも被害の様子が記されている。地震による建物の倒壊、液状化現象、津波の襲来などが記録されており、特に紀伊半島沖から四国沖を震源とする南海地震であったとされていたが、後の調査により東海地震および東南海地震もほぼ同時期に発生していたことが明らかになっている。マグニチュードは推定で八を超え、東海・東南海・南海の三連動地震であればマグニチュード九以上の超巨大地震だった可能性もある。

次に、八八七年に発生した「仁和地震」が記録されており、『日本三代実録』にその被害の様子が記されている。仁和地震もまた南海地震と考えられているが、発掘調査により東海地震および東南海地震が連動していた可能性も指摘されている。マグニチュードは八〜八・五と推定され、京都では多くの建物が倒壊し、摂津《せっつ》では津波の被害が甚大だった。

一〇九六年には「永長地震《えいちょう》」が発生した。この地震は紀伊半島の東側から遠州灘に至る東南海を震源とし、マグニチュードは八〜八・五と推定されている。津波が伊勢や駿河を襲い、多くの家屋が破壊、流失するなどの被害が記録されている。そして、永長地震のわずか二年あまり後、一〇九九年には「康和《こうわ》地震」が南海道沖で発生している。康和地震を南海地震として永長地震との時間差連動と考え、合わせて「永長・康和地震」と呼ばれることもある。

一三六一年には「正平《しょうへい》地震」が発生したが、記録が少なく詳細は不明な点が多い。紀伊半島から四国沖を震源とする南海地震と考えられているが、東南海地震と連動していた可能性も指摘されている。摂津や阿波《あわ》、土佐などで津波による甚大な被害が発生し、多くの家屋が流され、多くの人が亡くなった。

一四九八年には「明応《めいおう》地震」が発生した。震源域は東海道沖とされ、東海および東南海における地震と考えられているが、南海地震が連動して発生した可能性もある。特に津波の被害が大きく、紀伊半島から房総にかけて広範囲で津波が押し寄せ、伊勢・志摩では一万人もの人々が亡くなったという。浜名湖は、この時の津波により海とつながった。

一六〇五年には「慶長《けいちょう》地震」が発生した。地震の規模の割に大きな津波が発生する「津波地震」であったと考えられている。犬吠《いぬぼう》埼から九州にかけて広範囲に渡り津波が襲い、一万人もの人々が亡くなったという。この地震についても不明な点が多く、震源については東南海および南海における地震と考えられてきたが、伊豆小笠原海溝付近を震源とする説などもある。

一七〇七年の「宝永《ほうえい》地震」は、東海、東南海、南海の三連動地震となり、南海トラフ巨大地震の中でも最大規模の地震とされている。静岡県から四国に至る広範囲の地域が震度六以上の激しい揺れに見舞われ、最大震度は七を記録した。マグニチュードは八・四〜八・六と推定されるが、九を超えていた可能性も指摘される記録的な巨大地震であった。津波は房総半島から九州にかけて広範囲に被害をもたらし、特に土佐湾沿岸では最大波高二六メートルに達した。死者数約二万人、倒壊家屋約六万戸、流出家屋約二万戸にのぼる未曽有の大災害となった。

一八五四年には「安政東海地震」と「安政南海地震」が連続して発生した。安政東海地震は東海道沖を震源とし、マグニチュード八・四、最大震度は七であった。房総半島から土佐にいたる沿岸地域に津波が押し寄せ、各地に大きな被害をもたらした。死者は二〇〇〇〜三〇〇〇人と推定されている。安政東海地震の翌日には、安政南海地震が発生した。南海道沖を震源域とするマグニチュード八・四の巨大地震で、高知、徳島、兵庫、和歌山などで震度六弱以上の激しい揺れを記録した。紀伊半島から九州東部にかけて広範囲に津波が押し寄せ、和歌山や高知の一部では津波の高さが一五メートルを超えた。安政南海地震による死者は三〇〇〇人にもおよび、数万の家屋が倒壊、消失、あるいは流出した。

一九四四年には「昭和東南海地震」が発生した。熊野灘を震源とするマグニチュード七・九の地震で、御前崎《おまえざき》市や津市で最大震度六を記録した。津波は、伊豆半島から紀伊半島にかけての沿岸地域に甚大な被害をもたらした。死者・行方不明者は一二二三名、数万もの家屋が倒壊や流出などの被害を受けた。

昭和東南海地震の二年後、一九四六年には紀伊半島南方沖を震源とする「昭和南海地震」が発生している。マグニチュード八・〇、最大震度六の巨大地震であった。房総半島から九州にいたる太平洋沿岸を広範囲に津波が襲い、和歌山、徳島、高知を中心に多くの人々が犠牲になった。死者・行方不明者は一四四三人にのぼり、その約半数は高知の住民だった。

南海トラフ巨大地震は何度も起きている！

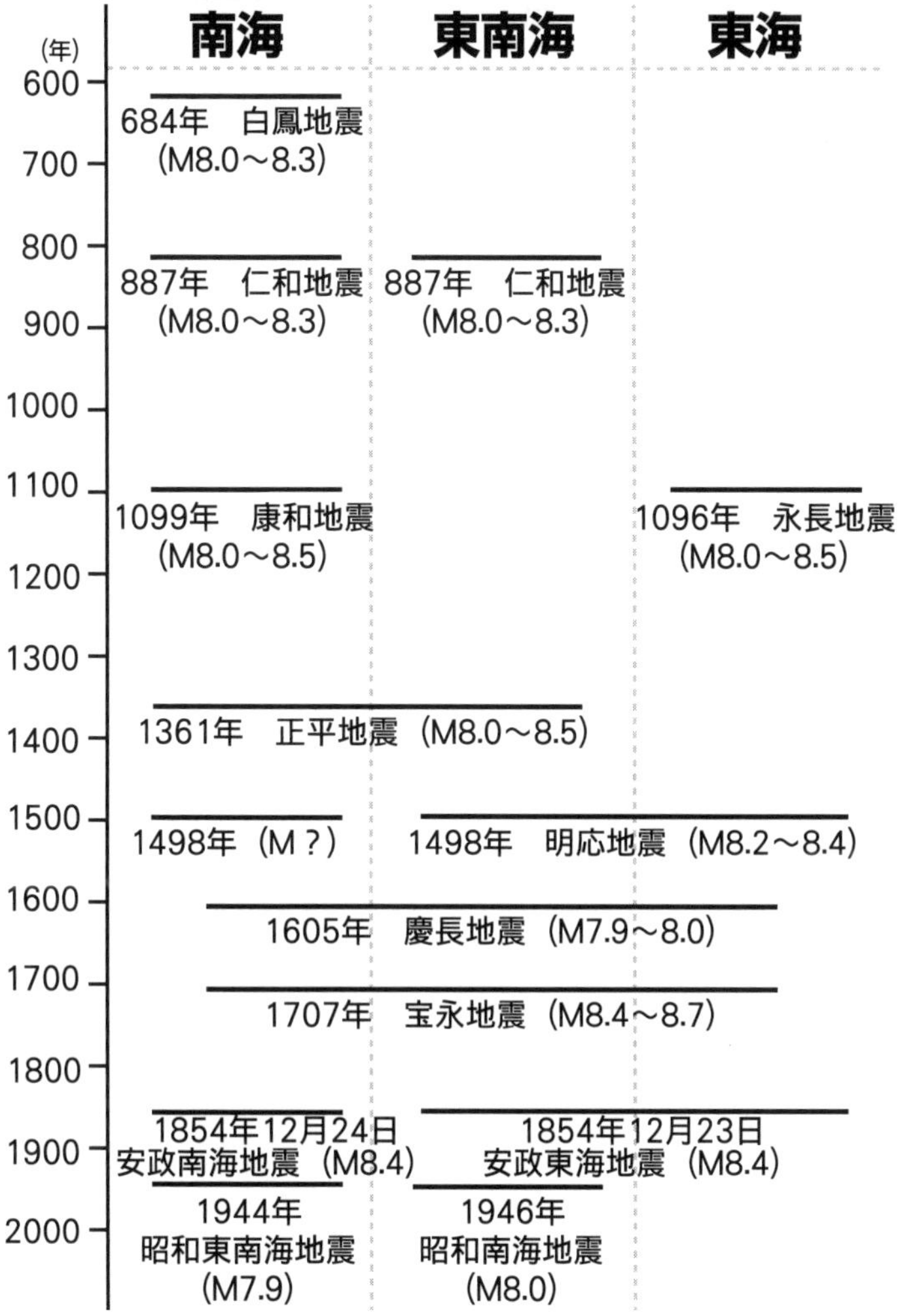

これまでの南海トラフ巨大地震の歴史を振り返ると、その周期性と連動性に大きな特徴が見られる。南海トラフ地震は典型的なプレート境界地震であり、これまで周期的に発生してきた。

そして、昭和南海地震から約八〇年が経過し、再び南海トラフ巨大地震が発生する可能性が高まっている。プレートに蓄積されたゆがみが限界に達すれば、大規模な揺れと大きな津波による被害の発生は避けられない。南海トラフ巨大地震は近い将来、必ず起きるということを忘れてはならない。

「南海トラフ巨大地震」で想定される被害

中央防災会議は、南海トラフでマグニチュード九・一の地震が起きた場合、一五一の市町村で震度七を記録、二一一の市町村を一〇メートル以上の津波が襲うと想定している。津波の到達が比較的早いことも被害を大きくする。東日本大震災では、地震発生の約二五分後に岩手県に津波が到達した。それに比べると、南海トラフ巨大地震発生時の津波到達ははるかに早い。到達の早いところでは、和歌山県が最短二分で最大津波高二〇メートル、三重県が最短四分で最大津波高二七メートル、高知県が最短三分で最大津波高三四メートル、静岡県が最短二分で最大津波高三三メートルと想定されている。激しい揺れと津波により、二三八万六〇〇〇棟の建物が全壊または消失、死者・行方不明者数は最大で三二万三〇〇〇人にのぼるという。

ライフラインにも甚大な被害がおよぶ。発災直後、西日本を中心に電力は九割が停電、固定電話や携帯電話は九割が通話不能、上下水道は九割が利用不可、都市ガスは九割が供給停止と同会議は想定している。ごく一部を除き、生活に必要な電気、ガス、水道、電話といったインフラのほとんどが使えなくなる。

交通インフラへの打撃も大きい。道路の損壊《そんかい》は四万ヵ所を数え、沿道にある建物の倒壊により通行が困難になる。高速道路はたとえ損壊を免れたとしても、点検作業を行なうため全面通行止めとなる。同じく点検が必要になる新幹線は全線不通、在来線もごく一部を除きほとんどが不通になる。中部国際空港や関西国際空港など沿岸部にある空港は利用できず、閉鎖されるだろう。想定を超える津波が襲った場合、滑走路も浸水し、航空機が流される可能性さえある。

国交省は、津波高が想定よりも一メートル高かった場合、中部、高知、宮崎の各空港では敷地の大部分が浸水し、関空では海抜が高い二期島を除いて浸水するとしている。また、津波により中京工業地帯および阪神工業地帯を中心に、港湾施設やコンビナートは壊滅的な被害を受ける。想定では全国二六の製油所のうち一二ヵ所が停止し、国内精製能力は半減するという。

こうして移動は困難になり、物流も止まる。食料品や日用品など多くの商品がスーパーやコンビニなどの店頭からあっと言う間になくなるだろう。地震発生から一週間で避難者の数は最大で約九五〇万人と想定され、各地の避難所はどこも避難してきた人たちであふれかえる。被災地が広範囲におよび、輸送手段も限られるため、食糧や飲料水の配給が遅れたり、十分に行き渡らなくなる。想定では、発災後三日間の合計で食糧が最大で約三二〇〇万食（三五〇〇万人分）、飲料水が最大で四八〇〇万リットル（五三〇〇万人分）不足するという。

経済的被害は、最大で二二〇兆三〇〇〇億円にのぼるという。これは東日本大震災の被害の一〇倍以上、日本の国家予算の二倍以上に相当する。驚くべき額だが、この試算で計算されているのは主に建物や道路が壊れたといった直接的被害であり、それに伴い企業の生産や個人の消費が長期間制約を受けるといった間接的被害は考慮されていない。これらを考慮すると、実際の被害額はこの額では収まらない。

二〇一八年に、公益社団法人「土木学会」が阪神淡路大震災の経済被害を参考に直接的被害だけでなく間接的被害を含めた長期の被害額を算出している。それによると、南海トラフ巨大地震に伴う被害額は一四一〇兆円にのぼるという。実に、日本の国家予算の一〇年分をはるかに上回る額だ。

首都を襲う恐怖の直下型地震

日本列島は四つのプレートの境目に位置するため、南海トラフ巨大地震や東北地方太平洋沖地震（東日本大震災）のような「プレート境界地震」が周期的に発生する。それに加えて、国内には確認されているだけで二〇〇〇もの活断《かつだん》層《そう》が存在するため、「直下型地震」も頻繁に発生する。

関東地方にも多くの活断層が存在しており、それらの活断層が直下型地震を引き起こし首都圏に大きな被害をもたらす。これが、「首都直下型地震」だ。関東地方南部を震源域として、マグニチュード七クラスの地震が繰り返し発生している。

江戸時代に発生した首都直下型地震が一八五五年の「安政江戸地震」だ。江戸直下を震源に、最大震度は江戸や横浜で六強を記録している。小雨が降り、風が弱かったことから大規模な延焼が起きなかったのはせめてもの救いであったが、一・五平方キロメートルを焼失した。江戸市中の死者数は一万人前後と推定される。

一八九四年に起きた「明治東京地震」も首都直下型地震だ。東京湾北部を震源とし、最大震度は六であった。東京から横浜にかけての東京湾岸を中心に死者三一名、建物の全半壊一三〇棟の被害を出した。

首都直下型地震といっても、「東京の直下を震源とする地震」に限定されるわけではない。関東地方南部（東京都・神奈川県・千葉県・埼玉県・茨城県南部）を震源として繰り返し起きるマグニチュード七クラスの地震を指す。一四三ページの図に示したように、安政江戸地震、明治東京地震以外にも、南関東を震源とする直下型地震は頻繁に起きているのだ。

これら八つの大地震を根拠として、政府の地震調査委員会は二〇一四年に首都直下型地震の発生確率を、今後三〇年間で七〇%としている。

「首都直下型地震」で想定される被害

首都直下型地震の被害想定については、二〇一三年に「中央防災会議」が最終報告を公表している。それによると、都心南部で風速八メートルの風が吹く冬の夕方にマグニチュード七・三の地震が発生した場合、最大震度は七を記録し、六一万棟の建物が全壊、または焼失するとされる。このうち、四一万二〇〇〇棟が火災により焼失するという。火災のリスクが特に高いのが、「木密《もくみつ》地域」と呼ばれる山手線の外側から環状七号線の間に多い木造住宅が密集して広がるエリアだ。死者数は最大で二万三〇〇〇人にのぼり、その七割に相当する一万六〇〇〇人が火災が原因で死亡するとされる。

都市部では通勤や通学に出る人も多く、帰宅困難者は四五〇万人を超え、避難者は最大で二九九万人にのぼると想定される。経済被害は、ほぼ国家予算に匹敵する九五兆円と想定されている。そのうち、建物が壊れるなど直接的な被害が四二兆円余り、企業の生産活動やサービスが低下するなどの間接的な被害が四八兆円弱を占める。

また、公益社団法人「土木学会」が被害額を算出している。それによると、経済活動の低迷によるＧＤＰの損失を示す「経済被害」が九五四兆円、被災した建物などの被害額を示す「資産被害」が四七兆円で、合計一〇〇一兆円を想定している。また、国や自治体の財政収支の悪化を示す「財政的被害」は三八

過去に起きた「首都直下型地震」

①	1782年8月23日	天明小田原地震	M7.0
②	1853年3月11日	嘉永小田原地震	M6.7
③	1855年11月11日	安政江戸地震	M6.9
④	1894年6月20日	明治東京地震	M7.0
⑤	1894年10月7日	東京湾付近の地震	M6.7
⑥	1895年1月18日	茨城県南部の地震	M7.2
⑦	1921年12月8日	茨城県南部の地震	M7.0
⑧	1922年4月26日	浦賀水道付近の地震	M6.8

※1923年9月1日に発生した「関東大震災」は直下型地震ではない

九兆円にのぼると推計している。

これでも、「南海トラフ巨大地震」に比べると全体の被害額は少なく見積もられるが、政治・経済の中枢である首都が大きな被害を受ける点で、国全体として受けるダメージは南海トラフ巨大地震にまったく引けを取らない。

富士山は何度も噴火を繰り返してきた

富士山も、これまで何度も噴火を繰り返してきた。長らく「火山噴火予知連絡会」の会長を務めた藤井敏嗣氏によると、富士山は過去三二〇〇年間に一〇〇回噴火したという。つまり、平均すると富士山は三〇年に一回噴火しているのだ。また、「産業技術総合研究所」がまとめた調査結果によると、富士山では溶岩が流れ出す規模の噴火が、過去二〇〇〇年間に少なくとも四三回はあったという。

記録が残る歴史時代で最大規模の噴火が、八六四年に発生した「貞観噴火」

だ。一・二立方キロメートル以上ものマグマが放出され、流れ出た大量の溶岩が山麓を広く覆いつくし、山麓にあった広大な湖の大半を埋めてしまった。その時、埋没《まいぼつ》を免れた湖の一部が「西湖《さいこ》」と「精進湖《しょうじこ》」だ。その後、溶岩の上には長い年月をかけ、森林が形成された。それが、青木ヶ原樹海である。

貞観噴火の五年後、八六九年には「貞観地震」が起きている。貞観地震は日本海溝付近を震源域と推定されるマグニチュード八・三以上の巨大地震で、三陸を大津波が襲い、甚大な被害をもたらした。二〇一一年の東北地方太平洋沖地震は、この地震の再来と考えられている。

直近の噴火は、一七〇七年の「宝永大噴火」だ。これまでの数多くの噴火の中でも、この宝永大噴火は富士山の三大噴火の一つに数えられる大規模なものだ。噴煙の高さは上空二〇キロメートルに達し、大量の火山灰を噴出し農業などに甚大な被害をもたらした。偏西風《へんせいふう》に運ばれた火山灰は、一〇〇キロメートル離れた江戸にも大量に降り積もった。大量の降灰《こうはい》により、江戸の町は昼間でも暗く、燭台の明かりが必要だったという。降り積もった灰は強風が吹くたびに舞い上がり、長い間、多くの江戸市民が呼吸器疾患《しっかん》に苦しんだ。

宝永噴火は、宝永地震の四九日後に始まった。富士山の「マグマ溜《だ》まり」は、宝永地震の強震域《きょうしんいき》にある。噴火は、宝永地震の地震波により富士山の地下にあるマグマが発泡《はっぽう》したことで生じたと考えられている。

宝永大噴火を最後に、富士山は実に三〇〇年以上も不気味な沈黙を続けている。三〇〇年以上の噴火休止はまれであり、今後、いつ噴火してもおかしくないと指摘する専門家は少なくない。三〇〇年間、マグマは溜り続けているわけで、巨大地震の地震波が富士山の噴火を誘発する可能性は十分考えられる。

富士山噴火で想定される被害

文明が高度に発展した現代において富士山が大噴火した場合、その被害は宝永大噴火などの過去の噴火とは比較にならないほど甚大なものになるのは確実だ。富士山に近い地域では、噴石《ふんせき》の直撃、土石流《どせきりゅう》、洪水などにより多数の死傷者が出て、建物の損壊や焼失などの被害が生じる。降灰は土壌に悪影響をおよぼし、作物が枯死《こし》するなど農業も壊滅的な被害を受ける。国の「富士山ハザードマップ検討委員会」は二〇〇四年に富士山噴火による経済被害について、「宝永噴火と同規模の噴火が起きた場合、被害額は最大で約二兆五〇〇〇億円にのぼる」と想定している。

しかし、最大の被害額が二兆五〇〇〇億円で収まることはまずないだろう。実は、富士山ハザードマップ検討委員会によるこの試算には、成田空港や羽田空港、新幹線や東名高速道路が長期間使用不能になるような被害は含まれていないという。噴火がいつまで続くかはわからず、被害額の算出が困難という理由からだ。しかし、日本経済を支えるこれらの主要な交通インフラが長期間使用不能になった場合、その被害額が桁違いのものになることは避けられまい。

実際、富士山の大規模噴火がもたらす経済被害について、一〇〇～二〇〇兆円とはじく専門家もいる。なにしろ、日本の上空には強い偏西風が吹いており、首都東京は富士山の風下側わずか一〇〇キロメートル程度に位置する。富士山が噴火すれば、数時間後には東京に火山灰が降り注ぐ。溶岩や鉱物のかけらである火山灰は、ガラスの破片のように鋭利なため人体にも非常に有害だ。目に入れば結膜炎などを引き起こすし、吸い込めば気管や肺にダメージを与え喘息《ぜんそく》など呼吸器系の病気も増える。

降灰は都市機能も容赦なく破壊する。道路が通行不能になり、航空機も運行不能、鉄道は車輪やレールの導電不良による障害の発生が想定される。ライフラインについても、漏電《ろうでん》による停電、浄水場の処理不能による給水量の減少などが懸念されている。

電子機器への影響は特に深刻だ。火山灰が電子機器内部に入り込むと、故障や誤作動を起こす可能性がある。多くのパソコンや携帯電話、テレビが使用不能になる。東京には官公庁や大企業が集中しており、コンピュータシステムのダウンによる経済への影響は計り知れない。場合によっては首都機能の維持は困難になり、首都移転を強いられる可能性もある。そうなれば、東京の国際的な地位の低下は避けられない。

「南海トラフ巨大地震」と「富士山噴火」が引き起こす経済被害

「現在の日本は九世紀の状況に似ている」と指摘する専門家が少なくない。実は、今から一一〇〇年ほど前の平安時代中期に巨大天災が集中して起きている。その天災とは、八六四年の「貞観大噴火」（富士山噴火）、八六九年の「貞観地震」、八八七年の「仁和地震」（南海トラフ地震）、九〇一年の「スマトラ島沖地震」の四つだ。これほどの大災害が、わずか三十数年という短い間に起きているのである。

一一〇〇年の時を越えて、再びこれら四つの巨大天災が発生する可能性がある。すでに二〇〇四年には「スマトラ島沖地震」が起きており、二〇一一年の「東日本大震災」は「貞観地震」の再来と考えられている。すると、残るは「南海トラフ地震」と「富士山噴火」ということになる。この二つはいつ発生しても不思議はなく、「宝永地震」と「宝永噴火」のように、「南海トラフ巨大地震」

と「富士山噴火」がほぼ同時期に連動して起きることも十分考えられる。そうなれば、経済被害は間違いなく数百兆円規模に達し、国家財政はほとんど一瞬にして破綻することになるだろう。

では、その時一体何が起きるのか。戦後のドサクサ時に断行された「徳政令」を参考にしながら解説して行こう。まず、信用不安から国内の金融システムは大混乱に陥り、金融危機に発展する。全国の銀行には、預金の払い戻しを求め預金者が殺到する。成人で銀行に預金口座を持っていない人など、ほとんどいない。膨大な件数の払い戻し要請に銀行が応じられるはずもなく、銀行は営業を休止せざるを得ない。「預金封鎖」だ。日本では、敗戦直後の一九四六年（昭和二一年）に実施された。

当時の預金封鎖では、一定範囲内の預金引き出しは認められた。ただし、引き出しが許された金額は月額で世帯主が三〇〇円、世帯員一人につき一〇〇円に限られた。一世帯に認められる引き出し額は五〇〇円程度のもので、「五〇〇円生活」という流行語が生まれた。当時の公務員の初任給が五〇〇円程度だっ

現在の日本は9世紀に似ている

〈9世紀〉		〈現在〉
864年 貞観噴火	→	？ 年 富士山噴火
869年 貞観地震	→	2011年 東北地方太平洋沖地震
887年 仁和地震	→	？ 年 南海トラフ巨大地震
901年 スマトラ島沖地震	→	2004年 スマトラ島沖地震

たというから、五〇〇円は現在の二〇万円くらいのものだろう。最低限の生活費を除き、すべての預金が凍結《とうけつ》されたわけだ。

また、預金封鎖と同時に「新円切替」も行なわれた。旧円は一定期間後に無効とされ、新円に切り替えられた。旧円は使用できなくなるため、人々は銀行で新円に交換しなければならなかった。この措置により、国民の預金だけでなくタンス預金までもがあぶり出され、封鎖の対象となった。

「財産税」もかけられた。通常、金融資産に関する課税は、預金や債券の利子、株や投資信託の売買益、配当金などの所得（要するに儲《もう》け）に対してかけられる。しかし、財産税は保有する預金や債券、株などの金融資産の評価額に対してかけられる。儲けの有無に関係なく、ただ財産を持っているだけで課税されるのだ。一〇万円超の資産を保有している者が課税対象となった。税率は最低の二五％から段階的に上がる超過累進課税がとられ、一五〇〇万円（現在の価値で六〇億円程度）を超える金額に対しては、なんと九〇％の税率が課せられた。極端に高い税率は富裕層に大打撃を与え、多くの富裕層が没落して行った。

巨大天災直後に行なわれるであろう預金封鎖についても、昭和二一年当時の状況が参考になるだろう。銀行の営業はほどなくして再開され、預金の引き出しが認められるものの、当然預金全額の引き出しが認められるはずもない。そんなことをすれば、銀行の預金はすっからかんだ。おそらく、一月に引き出せる預金は最低限の生活費として単身世帯なら一五万円程度、四人家族でもせいぜい三〇万円程度のものだろう。もちろん、新円切替もあり得る。

財産税もかけられるだろう。昭和二一年当時は一〇万円超の資産に対して課税されたが、当時の一〇万円は現在の四〇〇〇万円に相当し、単純に考えれば四〇〇〇万円超の資産に課税されることになる。金《きん》（ゴールド）については、課税どころか下手をすると没収される可能性もある。

このように、国民からいくら財産を召し上げても、巨大天災でますます悪化した財政を維持することは到底できず、国外からの経済支援が必要になる。その中心になると見られるのが「ＩＭＦ」だ。

ＩＭＦは破綻した国を経済支援する場合、その国に財政改革を要求する。普通なら到底受け入れられないほど、過酷な改革だ。日本においても、支援と引き換えにＩＭＦの介入を受け入れることになる。公的年金は、五〇％程度カットされたとしても不思議はない。

ＩＭＦは世界金融を安定させる役割を担う国際組織であり、そのために欠かせないのが米ドルを中心とする国際通貨体制の維持・安定だ。その中心にあるのはもちろんアメリカであり、はっきり言えばＩＭＦというのはアメリカが世界の覇権を維持するために存在すると言ってよい。

そのような中で、トランプが大統領に返り咲くわけで、もし日本で何かあれば「アメリカファースト」を公言するトランプは、日本が保有する米国債などの対米資産を絶対に売らせないだろう。その代わりに、裏からＩＭＦに命じて日本国民の財産をすべて奪いつくすだろう。「日本人の失敗なのだから、お前たち日本人の財産ですべてあがなえ」というわけだ。金《きん》の没収ももちろんやるだろう。アメリカは、大恐慌時に実質的な金《きん》の没収を行なっている。また、敗戦直後の日本でもはるばる田舎まで出向き、資産家の家を訪ねて蔵まで開けさせて金《きん》を没収した。アメリカは、金《きん》の没収が大好きなのだ。

というわけで、日本の危機・有事の際には、トランプは「世界恐慌を起こさせるな」、もっと言えば「アメリカに経済的被害をおよぼすな」と考えるはずで、ストレートにそのような言動をとるだろう。トランプによって日本はすべて封鎖され、米国債も売ることが許されず、国民の財産が奪いつくされることになる。しかも、もたもたしていたら危機がアメリカに飛び火しかねないから「なるべく早くやれ」ということになる。財産税、金《きん》の没収は絶対にあると私は見ている。引き出し制限は一〇年、二〇年に亘って行なわれるだろう。トランプにとって、日本などどうでもよいわけで、最悪、中国に取られたって構わないという感じになって行く。そうなれば非常に恐ろしい事態だ。つまり、最悪の事態がやってくる。

このような事態になれば、「最後は政府が何とかしてくれる」とか「とにかく銀行預金が安心・安全」といった〝常識〟に囚《とら》われていては、到底生き残ることはできない。逆に言えば、そのような〝常識〟から離れ、頭を切り替えることができれば生き残ることは可能だ。国家破産という非常時には、それに適した財産の保有や運用方法があるのだ。

ただ、一般の人はそのような知識もノウハウも知る術がない。そこで私は長年、破産した多くの国を取材した経験から会員制クラブ（「プラチナクラブ」・「ロイヤル資産クラブ」・「自分年金クラブ」）を主宰《しゅさい》し、独自の国家破産対策を情報提供している。クラブの詳細については、巻末二一六ページを参照いただきたい。

いずれにしても、「備えない者は老後資産をすべて失う」と肝に銘じていただきたい。

第四章　世界最大の借金（ＧＤＰ比二五七％）が爆発する日

今の日本の財政はマインド（頭）がおかしい。崖に近づいているゲームだ

（浅井将雄〈債券ヘッジファンド
キャプラ・インベストメント・マネジメント共同創業者〉）

日本国債のカタストロフィ（破局点）

時は近未来、二〇二X年――。

中東ドバイの国際金融センター（DIFC）のオフィスで日本の金利チャートを眺めていた米フロリダ出身のヘッジファンド・マネージャー、スティーブ・タナカはこうつぶやいた――「もはや持続不可能だ」。彼は、日本のインフレ率が三〜五％で推移しているのにも関わらず長期金利がそれ以下の状況（すなわち実質マイナス金利）なのは、「政府の陰謀だ」と喝破《かっぱ》する。

「歴史を振り返っても、このような金融抑圧（インフレ・タックスとも言われる）が長続きしたためしはない」。タナカは、長期金利が急騰すると大きなリターンが得られる取引に着手した。彼は、事あるごとに周囲にこう漏らしている――「日銀の支援がなければ、日本の長期金利はインフレ率を大幅に上回っていても不思議ではない。いずれ、五％を超える局面がやってくるだろう」。

二〇二〇年のコロナショック以降、日本では大幅な実質マイナス金利が常態化していた。二〇二四～二五年にかけて世界的なインフレは一時的に落ち着きを見せたが、長引くウクライナ戦争と中東の混乱によってサプライチェーン（供給網）の断絶が長引き、それにコモディティ（商品）のスーパーサイクル（上昇トレンド）が加わったことでいつしかインフレが再燃。世界的に債券価格は下落（長期金利は上昇）に転じた。

それでも、日本の長期金利は二％付近で推移している。日銀のＹＣＣ（イールドカーブ・コントロール：長短金利操作　以下ＹＣＣ）は二〇二四年三月に撤廃されたが、長期金利が二％を超えると日銀が国債を購入して抑え付けるという、暗黙の支援が続いていた。タナカはこれを「債務問題に起因した鉄壁《てっぺき》の二％ルール」と呼び、それでもこれが決壊《けっかい》する日は近いと見込んでいた。

常態化する実質マイナス金利によって、外国為替市場では趨勢的に円安が進行。一ドル＝一六〇～一八〇円台が定着し、輸入物価の上昇によって日本はコストプッシュ・インフレのスパイラルにはまりこんでいた。困窮する日本国民を尻目に日経平均株価は騰勢《とうせい》を強め、二〇二五年には夢の五万円台に到達。若年層や年金生活者は不満を口にするが、マクロ経済と与党の政権運営は奇妙な落ち着きを見せている。まさに、「株高はすべてを癒《いや》す」という状態であった。

しかし、その水面下では「外貨準備の減少」という〝静かな有事〟が進行していることに、多くの投資家は気付いている。タナカもその一人であった。

「次の震源地は、間違いなく日本だ」――日本の外貨準備高は二〇二四年七月末の一兆二二九〇億ドルから、その頃には一兆ドルを割り込んでいる。頻繁な為替介入（ドル売り）で、外貨準備を取り崩してきたためだ。

そして二〇二Ｘ年一〇月、ついに日本円に危機が訪れる。それは、「日本の外貨準備高が九〇〇〇億ドルまで減少した」というヘッドラインが流れたタイミングであった。

日本の外貨準備高のうち、米国債などを売却せずに介入に使えるドル資金には限りがある。理論上、米国債を売却すればその分を通貨防衛に充てられるが、それにはアメリカ政府の許可が必要だ。アメリカも財政赤字に苦しんでおり、日本が米国債を売却すれば、ただでさえ高止まりしている長期金利がさらに上昇しかねない。そんな思惑から多くのマクロ系ヘッジファンドは、「これ以上、日本は外貨準備を取り崩すことはできない」と判断した。そして、大きく日本円にショート（売り）ポジションを取ったのである。

タナカは、「日本の外貨準備は砂上の楼閣《ろうかく》だ。通貨防衛は崖《がけ》っぷちのところまできている」と、一ドル＝二〇〇円のプット・オプションを購入して身構えた。実際、外国為替市場では円が大きく売られ、あれよあれよと言う間に一ドル＝一九〇円を突破、「すわ、二〇〇円か」という水準にまで迫る。

これには日本国民も動揺した。多くの人は円安に慣れ始めていたが、急速に一ドル＝二〇〇円という大台に迫ったことで恐怖心に火が点き、われ先にと外貨の獲得に走ったのである。市中の外貨両替所には、大行列ができた。各種SNSでは「一ドル＝二〇〇円を突破すれば、資本規制が導入される」といった不穏《ふおん》な情報が飛び交っている。今は、窓口に並ばずともクリック一つで外貨を購入できる時代だ。インターネットでの外貨預金、外貨建てMMF（マネー・

マーケット・ファンド）、さらにはFX（外国為替証拠金取引）での円安ヘッジがかつてないほど活況を帯びた。

この時点の日本の政策金利は一・〇%（長期金利は二・〇%付近）。通貨防衛の正攻法は「利上げ」だが、それでも政府と日銀は利上げをためらっている。日本の財務省は引き続き外貨準備を使って為替介入を模索したが、ドル預金はほぼ底をついており、アメリカ政府に米国債の売却をもちかけた。

しかし、アメリカ政府はこれに〝待った〟をかけたのである。アメリカ政府は緊急時の為替介入には理解を示していたものの、一方でたび重なる日本の介入にはいら立ちを募らせており、「米国債の最大の買い手である日本が売り手に回れば、債券市場が大きく動揺し自国の長期金利が大幅に上昇しかねない」との理由から、日本からの申し出に強い難色を示した。アメリカを敵に回してまで単独で為替介入を貫いても、効果には限りがある。財務省内は悲観ムード一色になった。もはや、正攻法の「利上げ」しかないと。

「いよいよか――」。ファンドマネージャーのタナカは、今にも一ドル＝二〇〇円を突破しそうなドル／円チャートをじっくり観察しながら、ここ最近はチャート上に人工的な罫線が出現していないことを確認。日本の為替介入が明らかに減っている、というよりその余力が残されていないと判断した。

タナカは、先に購入していた一ドル＝二〇〇円のプット・オプションを手仕舞うと共に、一転して日本国債の価格が下落すれば利益の出るプット・オプションと日経VＩのコール・オプションに大きなポジションを取ったのである。政府・日銀には為替介入の原資がなく、そうであれば次にくるのは「政策金利の引き上げ」と「日本国債の暴落」と踏んだ。

その直感は、見事に的中する。日銀は深夜に異例の緊急的な利上げを発表、政策金利を一気に二・〇％に引き上げた。これを受けて、外国為替市場では急速に円高が進行。一ドル＝二〇〇円から一九〇円まで値を戻した。

しかし、これでも日本が大幅な実質マイナス金利であることに変わりはなく、イールドカーブ全体が一層スティープ化（短期金利と長期金利の差が大きくなること）しないと円の先安観は間違いなく残存し続ける。そのためタナカは、日銀が長期金利の上昇を容認すると見た。日銀が夜間に政策金利を引き上げた瞬間から日本国債（一〇年物）の先物市場は急速に値を下げ、翌日に長期金利は二・五%を付ける。

ここで、日本の長期金利の大局《たいきょく》トレンドを確認しておきたい。一九九〇年にバブルが崩壊してから一貫してデフレだったということもあり、日本の長期金利は過去三〇年間に亘って低下してきた。具体的には一九九〇年九月の「八・二二%」をピークに、ロシア危機の一九九八年九月には〇・七八%にまで低下、さらには二〇〇三年五月に〇・五四%を付ける。いずれのケースも、その後に二%を超える水準にまで反転した。しかし、二〇一〇年代に入ると歴史的に異例とも言える低金利トレンドが出現する。

二〇一一年一二月以降は一貫して一%を下回り、二〇一六年六月にはマイナス〇・二四%、二〇一九年八月にはマイナス〇・二九%と、マイナス圏にまで低下した。その後、二〇二一年まで〇・一%を下回る状況であったが、世界的にインフレが問題になった二〇二二年から上昇トレンドに転換し、二〇二四年

チャート（10年物国債）

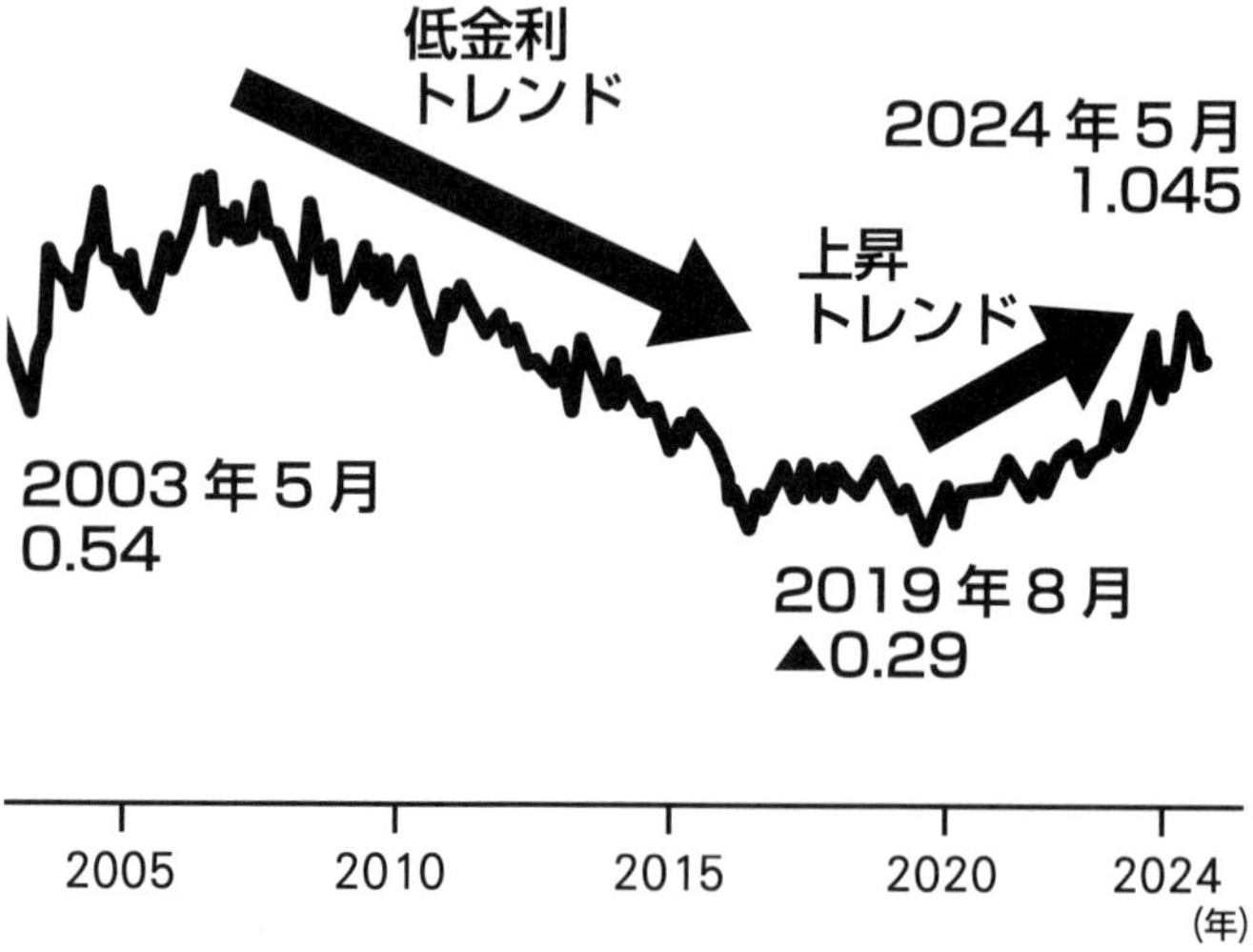

低金利
トレンド
2024年5月
1.045
上昇
トレンド
2003年5月
0.54
2019年8月
▲0.29
2005
2010
2015
2020
2024
(年)

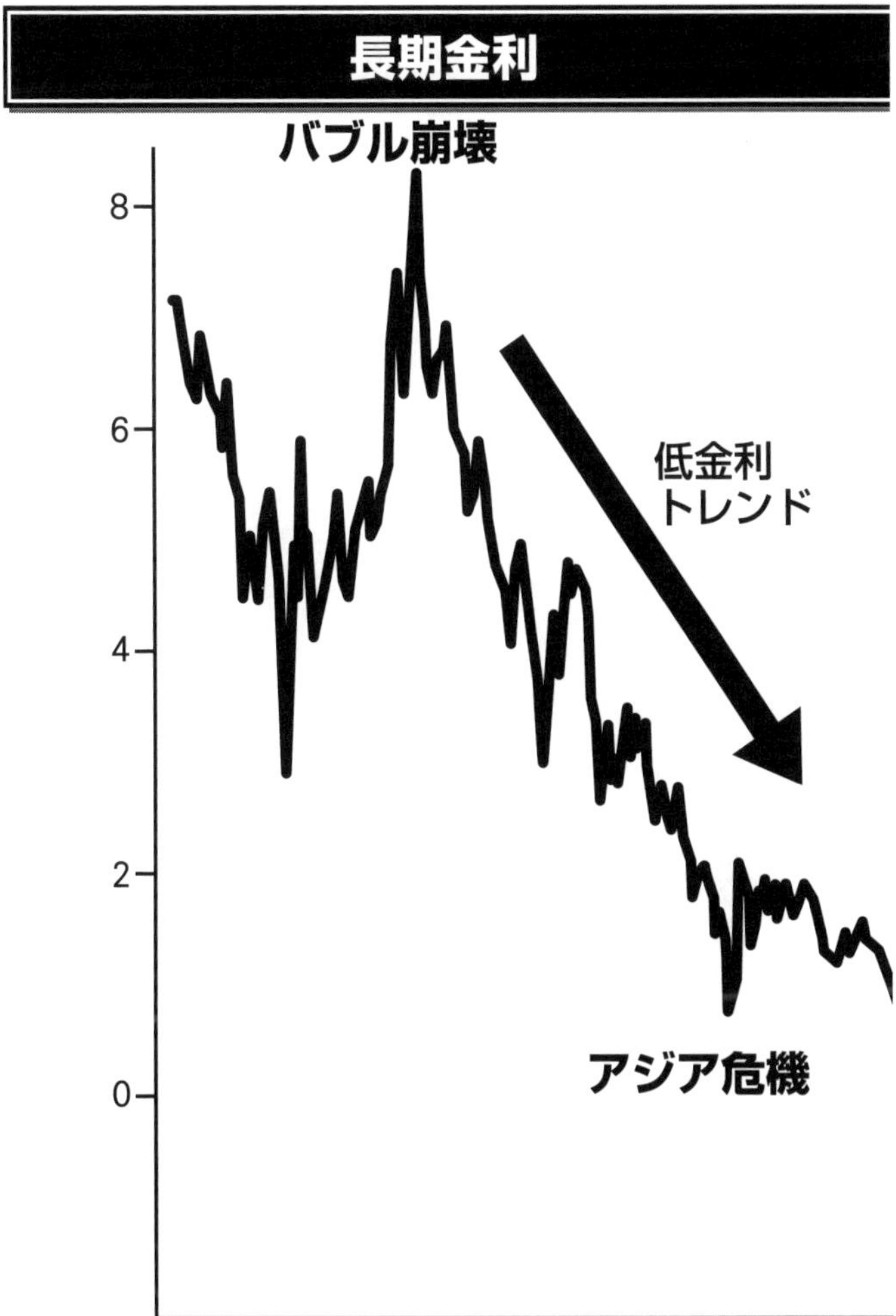
長期金利
バブル崩壊
低金利
トレンド
アジア危機
8
6
4
2
0
1985
1990
1995
2000

五月には一・〇四五％と、およそ一三年振りに一％を突破している。

タナカは、日本の長期金利は二〇一九年八月のマイナス〇・二九％を大底として長期の上昇トレンドに入ったと確信していた。そのタナカの読み通り、二〇二X年以降は二％付近が定着し、そしてついに二・五％に至ったのである。タナカが懇意《こんい》にしているシンガポール在住のカギ足アナリスト、カワカミによると、いずれ日本の長期金利は五～六％にまで暴騰しても不思議ではない。

タナカをはじめとしたマクロ系ヘッジファンドの核心戦略は、「大きな金利のボラティリティを発生させる」というものであった。二〇〇三年に起きた、いわゆる「VaRショック」を再現しようというのである。

この「VaR＝バリュー・アット・リスク」とは多くの国内金融機関がリスク管理の一環として取り入れているリスク分析手法の一つだ。このVaRによるリスク管理では、「大きなボラティリティ」が発生した場合、その対象資産を売却するのが基本となる。二〇〇三年六月のVaRショックは、長期金利は当時の過去最低である〇・四三〇％からおよそ二ヵ月で一％程度上昇した。

国（政府）の借金である国債の発行残高の推移

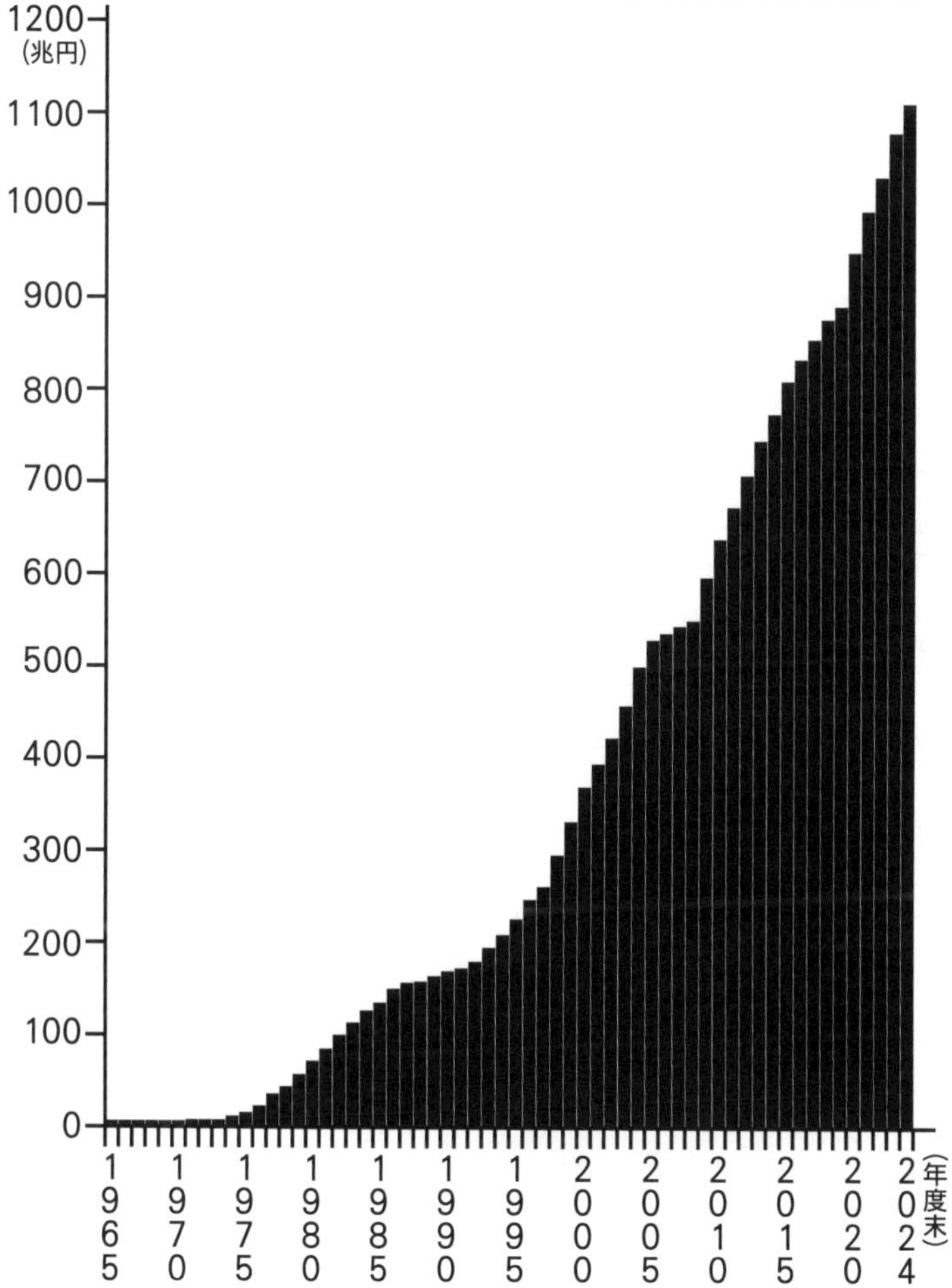

（注）2022年度までは実績、2023年度は補正後予算、
2024年度は予算に基づく見込み
IMF「World Ecpnomic Outlook」（2023年10月）を元に作成

この時も、債券価格が一定の幅を超えて下落したことをきっかけに売りが売りを呼ぶ展開となり、歴史的な暴落を引き起こしたのである。また、アメリカでも二〇一三年に「テーパータントラム」と呼ばれる様々な資産クラスが売りサイクルに見舞われる、VaRショックに見舞われた。

タナカは、「株式と債券が同時に値下がりすればVaRが急拡大し、日本の金融機関は降参してポジションの解消を余儀なくされるだろう」とし、最終的には〝売りが売りを呼ぶ展開〟におよぶと考えている。

長期金利が二・五%まで急騰したのは水曜日であったことから、その日は後に「ブラック・ウェンズデー（暗黒の水曜日）」として記憶された。緩やかな金利上昇が起きると多くの国内金融機関が〝押し目買い〟を狙うが、急騰となると話は違ってくる。ある年金基金の運用部門では、債券ディーラーを集めて緊急会議が開かれた。当然のごとく焦点は、「大幅に減価した保有している国債を巡る扱い」である。しかし口にこそしなかったが、そこにいる誰もが悟っていた――選択の余地などない、ということを。金利ボラティリティの発生、さら

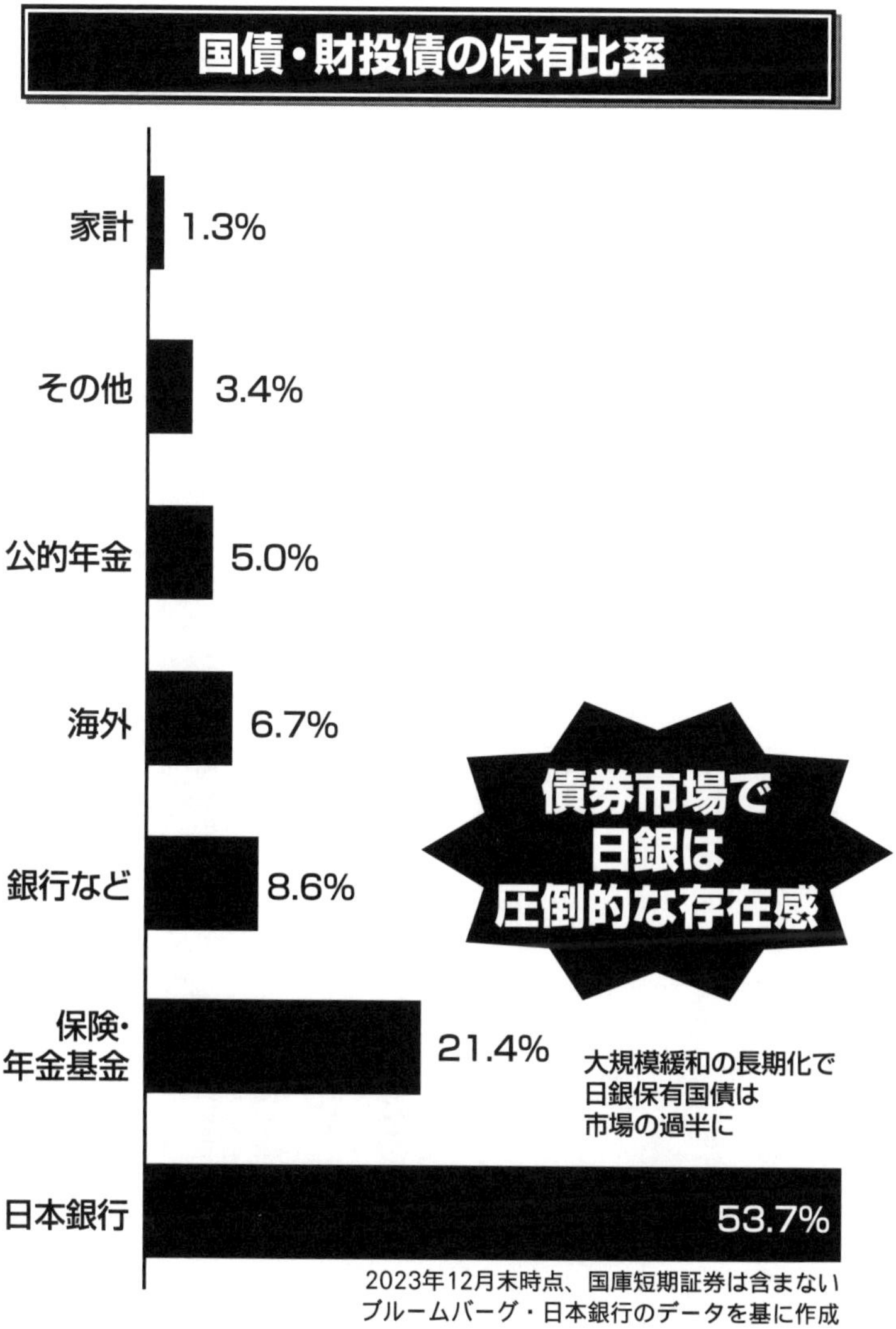
国債・財投債の保有比率
家計
1.3%
その他
3.4%
公的年金
5.0%
海外
6.7%
銀行など
8.6%
保険・年金基金
21.4%
日本銀行
53.7%
債券市場で日銀は圧倒的な存在感
大規模緩和の長期化で日銀保有国債は市場の過半に
2023年12月末時点、国庫短期証券は含まない
ブルームバーグ・日本銀行のデータを基に作成

には莫大な評価損の計上に加え格付け会社による日本国債の格下げが待ち受けている。数秒間の沈黙を経て、債券ポートフォリオ・マネージャーが震《ふる》えた口調でこう切り出した――「もはや、売るしかない」。

その後、数ヵ月の間に日本の長期金利は四%を付けた。日本国債が暴落すれば利益の出るプット・オプションと、日経Vーのコール・オプションに大きなポジションを取っていたタナカは、このたびの成功によって〝花形トレーダー〟の仲間入りを果たした。タナカはブルームバーグの取材に次のように答えている――「日本の債務問題が〝持続不可能〟なことはどう見ても明白であった。しかし、何より恐ろしいのは〝これからが危機の本番〟だということである。日本の長期金利は、やがて八%に接近しても不思議ではない」。

格付け大手の「S&Pグローバル」「ムーディーズ」「フィッチ・レーティングス」は、直ちに日本国債の格付けをダブルB（投資不適格）にまで引き下げた。これにより、邦銀および企業の外貨調達に深刻な影響が生じる。邦銀はクロスカレンシーレポ（日本国債を担保に外国の銀行から米ドルを借りる仕組み）

で米ドルを調達してきたが、日本国債の格付けがダブルBまで下がったことで担保として認められなくなるのだ。また、「ソブリンシーリング」（企業の格付けが国債の格付けを上回ることはない）の原則の下、日本企業の外貨調達にも大幅な金利が上乗せされる。

こうして日本経済は、にっちもさっちも行かなくなった。最終的には金利を安定させるためにYCCが再び導入されたが、これには円安という副作用が付きまとう。そのため、資本規制を導入する形で円安に歯止めをかけた。そして、スタグフレーション下における過酷な財政再建が実行され、国民生活は見事なまでに破壊されたのである。〈完〉

「円建てだから国債は暴落しない」は通用しない

先の項に記したのは、あくまでも私の〝お勝手シミュレーション〟だ。

「事実は小説よりも奇《き》なり」という諺《ことわざ》があるように、現実の世界には多くの変数が存在するため、もっともっと複雑怪奇に財政危機は進行して行くだろう。

だが、「国民生活が極端なまでに破壊される」という結末だけはそう違わないはずだ。ましてや、南海トラフ大地震、首都直下型地震、富士山の噴火、さらには台湾有事を伴った形で財政危機が表面化すれば、それこそ真のハードランディングとなる。

日本国債暴落は、古くから終末論として語られてきた。私は二〇〇〇年代の初頭から日本の財政危機に警鐘を鳴らしてきたが、今でもよく「浅井隆はオオカミ少年だ」と言われる。確かに、私の警告は早すぎた。しかし今日では、日本国債暴落は決して杞憂《きゆう》ではないと強く確信している。

少し古いが、国際決済銀行（ＢＩＳ）が二〇一三年六月に発表した年次報告書によると、高齢者関連の政府債務が今後も抑制されず、（インフレによって）借り入れコストが二ポイント上昇した場合、日本の公的債務は「現役世代一人が一人の高齢者を支えるという肩車型社会」が到来する二〇五〇年までに、対ＧＤＰ比で現状の二五七％から六〇〇％にまで拡大するという。悲観的なシナリオに基づくと、「九九五%」（米ウォール・ストリート・ジャーナル二〇一三年七月一六日付）に達するという試算もあるほどだ。

それでも日本は、純粋な「対内債務国」である。これは、日本国債のほとんどが円建てであることを意味し、そうである以上、究極的には日銀が国債を買い支え続けることが可能である。

私はこの数十年来、その「究極的なシナリオ」として、単純に借金の積み増しが金利の上昇につながり、最後は政府がデフォルト（債務不履行）して終わるという姿を思い浮かべてきた。しかし前述した理由から、近年は多くの識者がこれとは異なるシナリオを提示している。その代表例が「日銀が破綻する」というものや、（類似するが）「円が暴落して再起を図る」というシナリオだ。

今までに発行された日本国債の大部分はあくまでも円建てであり、政府・日銀はその気になればその円を無限に発行できることから、理論上は日本政府がデフォルトすることはない。このことは一般にも広く知られている。この物語は現在進行中で、その反動として外国為替市場では円安が進行していると言ってよい。

そのため「日本国破産で起こる事象とは何か」を予想した場合、国債の暴落よりも真っ先に「日本円が価値を失う」シナリオを思い浮かべる。これは、おそらく正しい。そもそも、世界最大の債務残高を抱える日本は金利上昇にめっぽう弱く、利上げを進めれば自己実現的に危機を起こしてしまうからだ。

たとえば、長期金利が二％台に乗るなどしたら、その時点で〝ご破算〟となる可能性がある。日銀の正木一博企画局長は二〇二四年四月七日の参議院予算委員会で、二〇二三年度上半期末（長期金利は〇・七六％）のイールドカーブが全体的にパラレルに上昇したと仮定すると、保有国債の評価損の拡大幅は一％上昇で二九兆円、三％で七七兆円、五％で一一四兆円、一〇％で一八〇兆円になるとの試算を明らかにした。これでは利上げなど不可能に映る。

国際通貨基金（ＩＭＦ）のチーフ・エコノミストを務めたオリビエ・ブランシャール氏は二〇二四年四月二九日、イギリスのロンドンで開かれたＡＩＭサミットで「日本の実質賃金の下落と財政赤字の拡大を挙げ、『経済的に行き詰

主要先進国の債務残高（対GDP比）

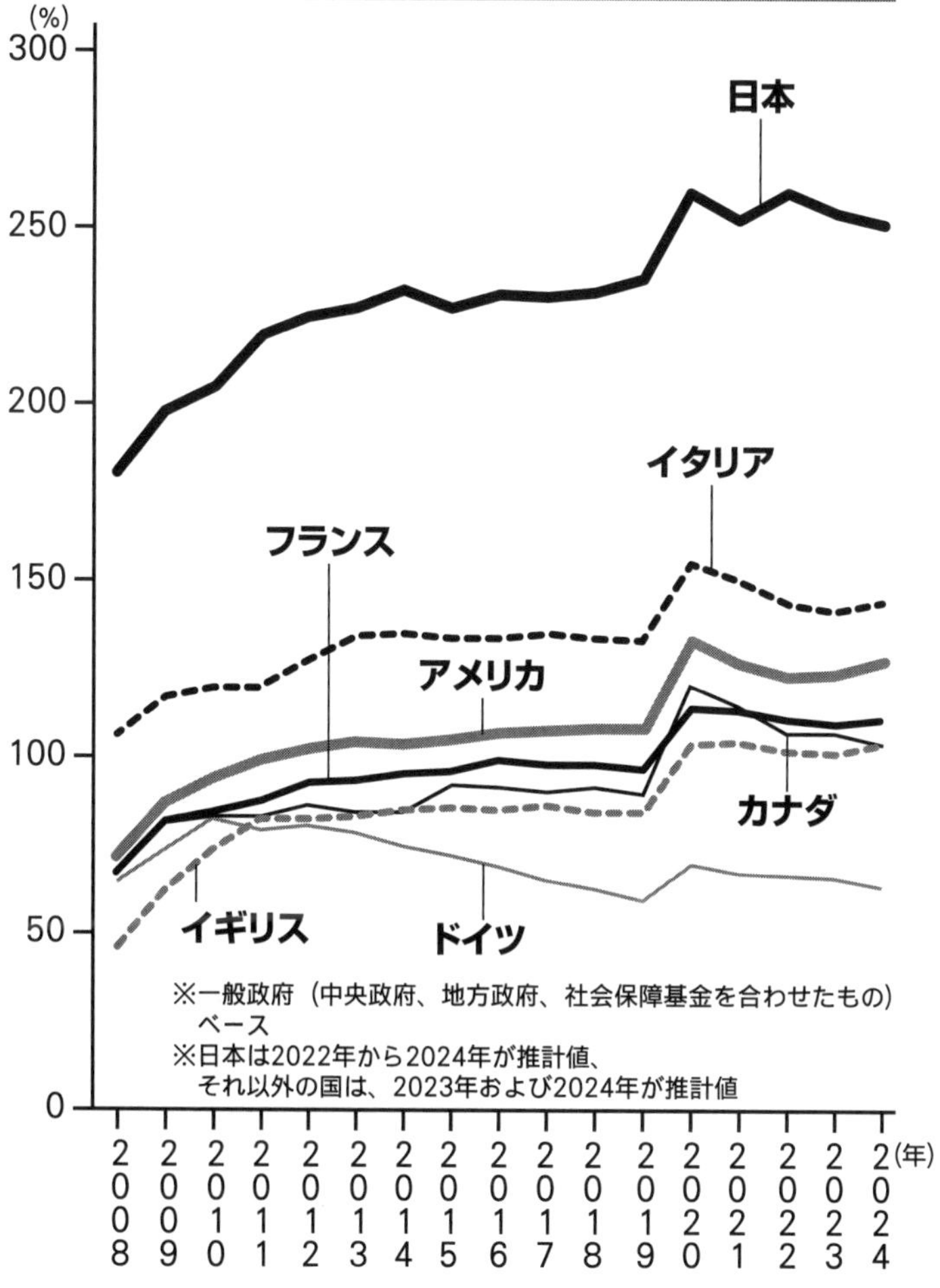

IMF「World Ecpnomic Outlook」（2023年10月）を元に作成

まっている』と述べた」上で、「日銀が利上げを実施すれば、日本は『かなり深刻な』景気後退に直面するとの見方を示した」（ロイター二〇二四年四月三〇日付）。これは、「日本は利上げできない」と言っているのに等しい。

昨今の円安はまさにその帰結《きけつ》であり、「この円安には際限がない」と多くの人が考えている。しかし、超円安という副作用を放置し続ければ、時が経つにつれ〝ハイパーインフレ〟の可能性が高まるわけで、政府・日銀がこれを放置することはさすがに考えにくい。すなわち、インフレ率が昂進《こうしん》したどこかの時点で、利上げに動かざるを得なくなるだろう。

日本が大きく利上げした場合、世界経済は極端に動揺するはずだ。というのも、日本の対外投資は四兆四〇〇〇億ドル（約六三〇兆円）に達しており、これはインドのＧＤＰをも上回る。日本が利上げをすると、すべてではないがこれらの一部がレパトリエーション（外国に投資されていた資金を本国に還流させること）を起こすことは間違いなく、世界経済を恐慌へと導きかねない。こうした事態を、多くの投資家が懸念している。

ちなみに、日本の投資家が保有するアメリカの株式と国債、社債は約二兆五〇〇〇億ドル（約三六〇兆円）にのぼり、これらが引き揚げられればアメリカは直ちに危機的な状況となるはずだ。ひいては世界全体で金利上昇を招き、文字通り日本発の世界大恐慌が現実味を帯びる。

テールリスク（まれにしか起こらないはずの想定外の暴騰・暴落が実際に発生するリスク）ヘッジファンドのユニバーサ・インベストメンツのマーク・スピッツナーゲル最高投資責任者（ＣＩＯ）は、「次の信用収縮の規模は世界的に不況を引き起こした一九二九年の『大暴落』に匹敵するかもしれない」（ロイター二〇二四年九月二七日付）と指摘するが、それは日本が引き起こすのではないかというのが私の見立てだ。

私は、日本国債が世界史上最大のバブルを形成していると考えており、それが逆流した際の衝撃は、私たちの世代では経験したことのないようなショックを経済に与えると見ている。

〝イシバノミクス〟への期待値はゼロ

二〇一三年に始まった「アベノミクス」以降、ここ日本ではどういうわけか時の首相の名前を冠した「〇〇ノミクス」というネーミングが定着している。たとえば、菅元首相の「スガノミクス」、岸田前首相の「キシダノミクス」、さらには二〇二四年九月に誕生した新総裁の「イシバノミクス」といった具合だ。

本家のレーガノミクス（一九八〇年代にアメリカのロナルド・レーガン大統領が行なった経済政策）は、アメリカ経済が一九七〇年代から苦しめられていた不況下のインフレ、さらには生産性向上の鈍化から再建に取り組むことを課題とし、主に以下の四つを推進したことで知られる。①歳出の大幅な削減（軍事費は例外）、②個人所得税の減税、③自由化を促す規制緩和、④インフレ抑制だ。レーガノミクスに対する後世の評価は様々だが、一九九〇年代からのアメリカはバブル崩壊に苦しむ日本とは対照的に見事な復活を遂げ、現在も世界一位の経済大国として君臨《くんりん》している。この勢いがこの先も続くかはわからないが、少なくとも過去三〇年間のアメリカ経済は順風だったと言ってよい。

対する日本のアベノミクスは、頑固なデフレから脱却するために「大胆な金融緩和」「機動的な財政出動」「民間投資を推進する成長戦略」という〝三本の矢〟をわかりやすく掲げ、これ以降、日本経済には株高と円安が定着している。

このアベノミクスに対する論評も様々だが、少なくともこのアベノミクスに懐疑《かいぎ》的な眼差《まなざ》しを向けていた石破茂氏が新総裁に就任した。しかし、どう考えても石破氏が極端に反アベノミクス的な経済政策を実行するのは難しい。

Ｇ７（主要七ヵ国）の中でも選挙の回数が多いここ日本では、首相の信条に関わらず、そもそも選挙を意識した経済政策を掲げざるを得ないというバイアスが働く。しかも、石破首相の党内における支持基盤は明らかに弱く、独自路線を打ち出せるかは未知数だ。

私はかねてから石破氏と交流があり、彼が以前から財政再建を志向していたことはよくわかっている。私は微力ながらも石破氏を応援して行くつもりだが、一方で日本の置かれた現状を打破するのは不可能に近いというのが私の認識だ。

結局のところ、ここ日本では今後も、長きに亘ってリフレ的な政策が続く公算が強い。株価は強含み、円は趨勢的に売られることになるだろう。究極的には日銀は「ビハインド・ザ・カーブ」（金融政策において景気の過熱やインフレに遅れる形で利上げを実施してしまうリスク）に追い込まれ、日本経済を危機にさらしてしまう可能性が高い。日本のリフレ政策の最大の問題はそこにある。

アメリカのレーガノミクスと違い、誰がやってもそこまで代わり映えしない日本の「シュショウ（首相）ノミクス」は改革に重点を置いていないということもあり、良くも悪くもポピュリズム色が濃い。こうした傾向の経済政策は、私たちが思っているよりも長期的に日本を支配して行くことだろう。

二〇二五年に始まる恐怖の新サイクル

「大変化の始まりだと言わざるを得ない」（ブルームバーグ二〇二一年六月七

日付）――イギリスの金融街シティで「ナンバーワンエコノミスト」の一人と称されるロジャー・ブートル氏は今から三年前、こう世界経済の大転換を予言した。具体的には、デフレからインフレへの転換を説いたのである。

このブートル氏は、ヨーロッパ最大の経済調査会社キャピタル・エコノミクスの創業者で、ジェームズ・ゴードン・ブラウン政権で独立系の経済アドバイザーを務めたことでも知られる。ブートル氏は一九九六年に『デフレの恐怖（原題：The Death of Inflation: Surviving and Thriving in the Zero Era）』を執筆、これは世界的なベストセラーとなった。そこには、「何十年にも亘るインフレの時代が終わった」と書かれている。

興味深いことに、世界的なデフレの到来を正確に予期したブートル氏が、今度は一転してインフレの到来を宣言した――「デフレの危険は去り、リスクは明らかに逆方向に傾斜している。どの程度の高インフレが、どれぐらいの期間続くかについては、議論の余地がある。しかし、大変化が起きたということについては、私自身はほぼ疑いの余地がないと考えている」（同前）。

私もブートル氏の主張に同意する。二〇二〇年のコロナショックや二〇二二年のウクライナ戦争を経て、世界経済の大局的なトレンドに大きな変化が起こったことに疑いの余地はない。実際、アメリカのインフレ率は二〇二二年六月に前年比九・一%でピークを付けたのだが、利上げの効果もあり、二〇二四年八月にはFRB（米連邦準備制度理事会）の目標に近い二・五%にまで低下している。FRBのFFレート（政策金利）は五・五%をトップに、直近では利下げモードに突入した。しかし、これをもって「インフレは終わった」などと安心してはならない。世界経済の大局トレンドが転換したという前提に立つと、拙速《せっそく》な利下げはインフレを再燃させるだろう。

一九七〇年代には、ベトナム戦争を主因としたインフレが根絶していなかったにも関わらずFRBが拙速な利下げに踏み切り、結局はより強烈なインフレ退治（利上げ）を迫られた。アメリカは一九七〇年代の轍《てつ》を踏み、長期金利は再度、上昇トレンドに戻るだろう。ちなみにアメリカの長期金利は、一九八一年九月に史上最高の「一五・九%」を記録した。今回の局面ではそこまで上昇するかはわからないが、八〜一〇%程度は覚悟しておくべきだろう。

ＪＰモルガン・チェースのジェイミー・ダイモン最高経営責任者（ＣＥＯ）は二〇二四年五月一六日、ブルームバーグに対して「著しい物価上昇圧力が依然として米経済に影響を及ぼしており、多くの投資家が予想しているよりも高金利は長期化するかもしれない」との考えを示した。また、ダイモン氏はＪＰモルガン株主への年次書簡に、「金利が二〜八%あるいはそれ以上になるシナリオに同行は備えている」と記している。

私は以下の五つの理由で、世界の大局的トレンドはインフレに転換したと考えている。

①「グローバル化の後退」（保護主的なトレンドの復活、関税率の上昇）
②「労働市場のタイト化」（慢性的な人手不足、ストライキの増加）
③「地政学的リスクの台頭」（第二次世界大戦以降で最も危険な情勢）
④「コロナ禍でのＭ２（広義の通貨供給量）急増と高止まり」（いまだにあふれるマネー、金融政策は引き締まりつつあるがＭ２残高は高止まり）

⑤「世界中で増え続ける債務残高」（財政インフレ懸念、金融抑圧の進行）

ウィンド・シフト・キャピタルの創設者であるビル・ブレイン氏は二〇二四年九月三日、投資家に宛てたメモで、市場が早ければ二〇二五年にも〝新たなサイクル〟に入る可能性があると指摘した。ブレイン氏が指摘する新たなサイクルとは、まさに「インフレ」のことである。同氏を含め、多くの人が、過去四〇年間に亘って続いたディス・インフレ（インフレ圧力の低下）を逆転させる新しい長期的な経済サイクルが始まると信じている、という。

ブレイン氏は、投資家たちは今後一年間の大胆な利下げを期待している半面、FRBによる金融緩和は限定的なものに留まる可能性が高いとし、「四〜六％の金利」が市場の新たな標準となるだろうと予想した。その理由として同氏は、地政学的な緊張やコモディティのスーパーサイクル（中長期的な上昇トレンド）、そして増大するアメリカの財政赤字からくるインフレ圧力を挙げている。

高い確率で、今回のインフレは一過性ではない。下手をすると、数十年という長きに亘って世界をインフレが席巻する可能性がある。では、インフレで最も苦しむ国家はどこか——それは、日本である。

国際金融協会（ＩＩＦ）によると、二〇二四年三月末時点の日本の総債務残高（政府、家計、金融を除く企業、金融セクターの合計）は対ＧＤＰ比六〇六・七％。これではそう簡単に利上げなどできない。今後も低金利を続けざるを得ない日本は、インフレに対抗しようにもその手段を圧倒的に欠いている。一方、インフレは「債券の死」（金利の上昇）を意味する。そうした状況でも金利を人為的に低くするなら、通貨安を甘受する他ない。しかし、それにも限度がある。結局のところ、どこかで金利を引き上げざるを得ない。

その時こそが、日本のカタストロフィ（破局点）である。二〇二五年以降、いつ日本国債が暴落しても不思議ではないのだ。

国家破産で起きるコト

では、最後に国が破産すると何が起こるかを、かなり具体的に説明して行きたいと思う。

1 ハイパーインフレ

その一番目は、国家破産の代名詞とも言うべき「ハイパーインフレ」だ。ハイパーインフレに定義はないが、年間五〇〇%以上のインフレと考えてよいのではないか。記録に残る中でも特にすさまじいのは、ヒトラーが出てくる前のドイツで、一年半で物価が一兆%も上昇し、国民の生活は破壊しつくされた。

第二次世界大戦後のハンガリーでは、それをはるかに上回る〝垓《がい》〟という単位を使わねばならない、まさに天文学的ハイパーインフレが発生した。兆の一万倍が京《けい》であり、京の一万倍がその垓である。つまり垓とは、兆の一億倍になる。ここまでくるともう想像が付かないレベルの経済現象だが、人々はその中でも何とか生きていたのだ。

十数年前に発生したアフリカのジンバブエのハイパーインフレでは、推計で年率二億三〇〇〇万%くらいの物価上昇を記録したと思われるが、統計がしっかりしていないので本当のところはよくわからない。しかし、一〇〇兆ジンバブエドル札が印刷されたのだけは間違いない。それを発行しても、もはやインフレに追い付けないと諦めたジンバブエ政府はその後、自国通貨を放棄して米ドルを使うことを認めた。

2 すさまじい円安（通貨暴落）

次に登場するのが、「すさまじい円安」である。「通貨暴落」と言い換えてもよいかもしれない。破産した国では、必ず通貨危機が起きる。なぜなら、その国の、そしてその国の中央銀行の信用が落ちるわけだから、当然の結果としてその国の通貨が売られることになるのだ。日本の場合、特にその影響は深刻だ。輸入大国だからだ。エネルギー（石油、LNGその他）は、ほぼ一〇〇%海外に依存している。食糧も自給率が四〇%ということは、大部分（肥料も含めて）は海の外からやってくる。そこへすさまじい円安がやってきたら、輸入物価は上昇し、とてつもないことになる。国民の生活は、どん底へ突き落とされる。

3 大増税

三番目は「大増税」である。財政が破綻したらその建て直しのために政府の収入を増やすしかないわけで、平時ではあり得ない規模の大増税が実施されることになる。ギリシャのように、不動産は格好の餌食《えじき》となる。くれぐれも御用心を。

4 徳政令

そして次が、この世の中で一番恐ろしい「徳政令」である。昔の諺に「泣く子と地頭《じとう》には勝てぬ」というものがあるが、国家破産用に直すと「泣く子も黙る徳政令」となる。その筆頭であり、横綱に当たるのが「預金封鎖」である。預貯金の流出を防ぐために、銀行、ゆうちょなどの金融機関の窓口を一斉《いっせい》に閉鎖してお金を一切おろせなくするわけだ。しかし、これを永遠にやるわけには行かないので、しばらくすると「引き出し制限」に移行する。つまり一定額まではおろせますよ、というわけだ。

不思議なことに、その額というのは大体決まっている。最低限の生活費というもので、月額二〇万円くらいである。昭和二一年の戦後の日本の徳政令でもこのくらいのものであったし、リーマン・ショック後のアイスランドでもこの程度の額だった。ギリシャでは、その二〇万円を人より先に出そうとＡＴＭの前にすさまじい行列ができていた。しかし、ＡＴＭに一回に収納できるお札の量などタカが知れている。あっという間にお札がなくなって、「このＡＴＭはただ今、ご使用できません」の表示が出てしまい、ＡＴＭの前で泣き崩れる人が何人もいた。そうなったら、次はいつ補充されるのか見当も付かない。何日、そのＡＴＭの前で待てばよいのか。

ハイパーインフレ下のジンバブエでは、学校の先生が授業を自習にしてその間に自分は銀行に行って、振り込まれた給料を一秒でも早く引き出そうと長蛇《ちょうだ》の列に並んだという。しかし、自分の順番はなかなかこない。朝から並んだのに窓口が閉まるまでに時間切れ、ということが何回もあった。「一体、自分の仕事は何なんだ。この無意味な列に並ぶことなのか」。その後、その先生は子供たちに「銀行とは何か、お金とは何か」を教えられなくなったという。

昭和二一年の預金封鎖→引き出し制限では、引き出し制限は二年半に亘って実施され、その間のハイパーインフレのために引き出し制限が解除された時には預貯金は紙キレ同然の価値となってしまっており、多くの資産家は絶望した。

しかし、実はある抜け道があったわけで、それをうまく使った人は、その後大金持ちへの階段をかけ上がって行った。その辺りのことは、拙著『株高は国家破産の前兆』（第二海援隊刊）に詳細が載っている。

では、徳政令の中でも預金封鎖、引き出し制限と並んで同じく〝横綱級〟と呼ばれるものは何か。それこそ「財産税」である。これは、全世界の国家破産した国々で実施されてきたが、そのやり方、税率は様々で、借金の量や国情などによりその実施方法は変わってくる。しかし、そう何回も繰り返しできるものではなく、そのために政府は一回でなるべく多額の税を取ろうとする。

昭和二一年の日本の徳政令における「財産税」がそれで、そのすさまじさはまさに言語を絶するものであった。なんと、最大税率は九〇％だったのだ。資産規模の大きい人は、ほぼ全額持って行かれたようなものだ。政府（とりわけ官僚）は前例主義であり、前回とほぼ同じようなことをやってくると思われる。

というわけで、次にくる「徳政令」（私の予測では二〇二五～三〇年のどこかで断行される）でも、最高税率九〇％がやはり適用されることだろう。読者の中で、「自分はそれなりの資産家かもしれない」と思っている人は要注意だ。

ここで言う「それなりの資産家」とは、すべての資産の総額（不動産から預貯金、そして保険も含む）が一億～三億円の人だ。特に大都市に住む人だったら自宅だけで七、八〇〇〇万円という人はザラにいるわけで、簡単に一億円くらい超えてしまう。もし、あなたがそのクラスの人だったら、財産税の税率は五〇％に達すると覚悟しておいた方がよい。

そして預金封鎖、財産税とセットで行なわれたのが「新円切替」だ。実際、昭和二一年二月の徳政令では、銀行、郵便局の窓口が閉まったあとに政府は緊急発表を行なっており、事前に準備をしていた人は別にして大部分の国民はまさに寝耳に水で、まったく打つ手がなかった。翌日はすでに銀行、郵便局、信金、信組ともすべて封鎖されたあとで、「三月七日までにすべての現金を金融機関に持参して預けろ、それ以降はその旧円は価値をゼロとする」という告知がされた。その目的は、すべての現金を金融機関に預けさせて全国民の財産を把握し、一網打尽にしたあとに「財産税」をかけようというものだった。

だから、それまでの円（旧円）は価値を失ったが、「米ドルの現金」であれば何の問題もなかったのだ。そうした大混乱の中で、「米ドル」と「ダイヤモンド」だけが一部の人々を救い、その後大金持ちへの道が開けて行った。

いずれにせよ、旧円はすべて金融機関に預けざるを得ず、次に発行された新円は、引き出し制限の中で毎月ほんのわずかしかおろせなかった。

次に登場する徳政令の形は「デノミ」だ。一口にデノミと言っても二種類あって、前者はまったく生活に問題のないもので良性の腫瘍《しゅよう》と呼べるものだ。それは通貨の単位をただ変えるだけのことであり、通貨の価値そのものには何の影響もない。たとえば、「旧一〇〇円」を「新一円」に呼び名を変えると言うものだ。百円ショップでちょうど一〇〇円で売っていたタオル一枚が、デノミ後は新一円で買えるというものだ。

しかし、以下に述べる後者のデノミは、とんでもない代物だ。実際、一九九八年のロシアでこれに似たことが実施されており、一夜にして自国通貨ルーブルの価値が一〇〇〇〇分の一になったようなものだった。米ドルに対しても一〇〇〇分の一であり、もちろん現金だけでなく銀行預金の価値も一〇〇〇分の一である。これは、国民にとって青天の霹靂《へきれき》と言ってもよい大事件であった。それまでのハイパーインフレを様々な知恵で乗り切ってきたロシア国民も、これでほぼすべてを失った。考えても見てほしい。一億円の預金があったとしても、一〇〇〇〇分の一の一〇万円になってしまうのである。

このように、徳政令には実に様々な形があり、政府には国民から財産を奪うための多くの手段があるのだ。これまで多くの書籍では、現地のインタビューを元に「ロシアは一九九四年に一〇〇〇分の一のデノミを実行」と記述してきた。ただ、今回詳細を確認したところ一九九三年七月に旧紙幣が紙キレにされており、デノミは一九九八年一月に実施されたことだとわかった。この詳細については、拙著の『2026年 日本国破産〈現地突撃レポート編〉』(第二海援隊刊)で実際に何が起きたのかを解説している。

そして、最後が「金《きん》(ゴールド)の没収」だ。これは驚くべきことに、あの自由の国の象徴とされ、資本主義の総本山のアメリカでも行なわれており、その点は十分認識すべきだろう。一九二九年から始まった大恐慌は、アメリカ政府の財政も直撃した。大不況で税収が激減したのだ。そこで、当時のルーズベルト大統領は政府命令として、金《きん》の没収を断行した。戦後の日本でも日本国政府の代わりにGHQ(連合軍総司令部)が兵隊を全国に派遣して、すべての豪農や資産家の蔵《くら》まで開けさせて、金《きん》、銀の没収を行なっている。

こうしたことがあったという事実自体が忘れられて、知っている人が誰もいないということが恐ろしい。歴史は繰り返すのだ。こうした情報も、深く胸に刻むべきだ。

さらにあり得る話として、没収はしないまでも、先ほどの財産税の一環として金《きん》にだけは一律九〇%の特別税をかけるということもあるかもしれない。

5 社会保障の大幅削減

さあ、そこで次に登場する項目は、「社会保障の大幅削減」だ。つまり、国の財政が立ち行かなくなるわけだから、その当然の結果として国が面倒を見ている医療・介護には大リストラが断行される。

その中で、二つの犠牲者が出ることになる。一つは一般国民で、とりわけ老人・病人はとんでもない目に遭《あ》うことだろう。もう一つは、医者だ。医療費が大幅に減らされれば、町医者も含めて大変なことになる。コロナ前においても大病院の経営状態悪化が伝えられていたが、国家破産が始まったら大病院の閉鎖、縮小から始まって医者、看護師の大量解雇が始まるかもしれない。医療従事者は要注意だ。特に、現在良い収入を得ている医者は生活水準も上げているだろうから、今から防衛の手を打っておいた方がよい。

6 年金削減

次は、読者全員に大きく関わってくる「年金の大幅カット」だ。人類史上初めてと言われるほどのすさまじいスピードで高齢化が進む日本だが、二〇二五年から二〇三〇年の間にそのピークを迎えると言われている。すでに年金を受け取っているあなた、あるいはもうすぐ年金を受け取れると楽しみにしているあなたは、これから言うことを心して聴《き》いてほしい。

破産した国では、「必ず年金支給額の大幅カット」が行なわれているのだ。元々日本の公的年金は、赤字のために国が税金から大幅に負担してなんとか維持しているのが現状だ。その分がカットされるだけではない。公的年金の運用は国債や株で行なわれているが、それが大きく損傷《そんしょう》を受けるはずだ。したがって、年金の支給額そのものがまず半分にされると思っていた方がよい。

しかし、コトはそれで済まない。その時点ですでに相当の円安とインフレが進んでいると考えた方がよく、年金の価値はさらに半分になっていると見た方がよい。とすると二分の一×二分の一で、あなたが受け取る年金の実質的価値は現在の四分の一になってしまうということだ。これは大変なことだ。現在二〇万円支給されている人は五万円（実質価値）、三〇万円支給されている人でも七万五〇〇〇円（実質価値）では、到底暮らして行けない。まともな生活などできるはずがない。しかも、その間にインフレはどんどん進行して行って、円の価値はどんどん下がって行くのだ。年金生活者＝老人は、まさに〝生き地獄〟に突き落される。あのロシアでは、無数の老人が絶望して自殺した。

しかし、あなたまで絶望する必要はない。まだ国家破産のスタートまでには数年間あるし、対処法はある。サバイバルの方法は、どんな時代にもあるのだ。拙著『２０２６年　日本国破産』シリーズ（第二海援隊刊）を読んでいただき、生き残りのノウハウを手に入れてほしい。

7　経済大混乱で企業活動停止

次の項目は、かつてトルコでも実際に起きた「経済大混乱で企業活動停止」というものだ。今の日本の状況からは想像することも困難だが、すべての破産国家で起きている現象なので注意してほしい。特に、企業経営者にとっては深刻な問題と言ってよい。国家破産＝通貨、金融危機であり、為替（ドル／円）、債券（国債＝金利）、株が大混乱となり上下に大きく動くため、その変動が企業活動に致命的な打撃を与えるのだ。

さらに、年金生活者の例を見てもわかる通り、国民の購買能力が大きく落ちるために、国内を相手にしたビジネスはとんでもないことになる。その点、海外の依存度が高いトヨタやユニクロなどは、勝ち組として残るだろう。

8 食糧危機

次は、私たちの生活に最も根本的打撃を与える「食糧危機」だ。戦後日本のドサクサ（昭和二〇～二五年までの五年間）の時期がまさにそうだったのだが、大抵の人は「まさかそのようなコトが再びやってくるはずがない」と思っている。なにしろ、スーパーやコンビニは食品であふれかえっているではないか。しかし、それが〝幻想〟だったということが間もなく証明される。

日本の食糧自給率は四〇％とよく言われるが、実際は違うのだ。たとえば、ほぼ一〇〇％自給しておりさらに余っていると言われるコメだが、その生産のためにはトラクター、コンバインが必要だ。それらは石油で動く。さらには農薬、化学肥料も絶対必要だが、それらも石油から作られる。さらには〝タネ〟という根本的問題がある。コメの場合、モミということになるわけで、国内でほぼ自給できているが、他の大豆や野菜などはアメリカの巨大商社がすべて「F1」という形で握っており、ほとんどが輸入だ。

と言うわけで、もし国家破産に伴うすさまじい円安によって石油、タネの値段が円ベースで高騰したら、日本の農業はほぼ〝壊滅〟するのだ。

これは、魚についても同様だ。漁船は石油なしには動かせない。すさまじい円安で石油価格が天井知らずに高騰したら、出漁できないのだ。その時、輸入食料品の値段は、庶民が手が出せないレベルのものとなっていることだろう。

9 治安の悪化

今まで述べてきた様々な現象の結果として、当然のこととしてやってくるのが「治安の悪化」だ。ロシアではこういう話を聞いた――「皆が生活に困窮したので、車を持っている連中は勝手に白タクをやり始めた。街を走っていて歩いている人を見かけると、『乗って行かないか』と声をかけるのだ。すると、五分もしないうちにどちらかが強盗になる。先に運転手がピストルを後ろに向けて『ネエちゃん、良い時計してるね。それを置いて行け』となるか、はたまた逆に後ろに座った〝乗客〟が鋭いナイフを運転手に突き付けて『おっさん、命が惜しかったら全財産を出しな』となった」という。日本人の国民性から考えて、ここまで治安が悪くなることはないだろうが、それでも相当のことが起きると覚悟だけはしておいた方がよい。

今どきのシルバーは元気そのものだ。渋谷あたりの公園に体を鍛えた七〇代の元老紳士がたむろして、「オレ達は自警団だ」と言いつつ、通りかかった弱そうな若者を捕まえては「年寄りは大事にしなきゃいけない。持ってる米ドルは寄付《きふ》して行けよ」ということになるかもしれない。その頃には世の中事件だらけで、被害届を出してもその程度のことでは警察も取り合ってくれないだろう。

10 若くて優秀な人材の国外脱出

さあ、いよいよ最後の項目になってしまった。「若者の海外脱出」だ。悲しい話だが「英語も話せてＩＴ能力も抜群」などという優秀な人材は、この国を見捨てて海外に逃げて行ってしまうに違いない。だから、年だけ取っていて「年金をくれ」という老人だけが――そう、逃げたくてもどこにも行けない人々だけが――国内に残ることになる。そうなったら、この国もお終《しま》いだ。国を建て直すのに、信じられないほどの時間を必要とするだろう。

そうならないために、この国はあと二、三年のうちに想像を絶するような、別の言い方をすれば血のにじむような改革を実行するしかない。しかし、現在の政治状況を見ているとその逆の方向に、つまりさらにばら撒きと借金の膨張を加速化させる方向に突き進んでいるとしか思えない。

ならば、少なくとも私たちだけは備えよう。私たちが乗った旅客機は、地面に激突することだけは避けられそうにない。であれば、少なくともシートベルトをきつめに締めて、その衝撃に耐えられる姿勢を取ろう。

国家破産という〝苦境〟はどのくらい続くのか

そこで、本章の最後に今回の日本の場合、どのくらいの期間〝苦境〟が続くのかを検討してみたい。そこで参考になるのが、次のレポートだ。タイトルは「日本の財政が破綻すれば、週五万円しか引き出せない日々がずっと続く」というもので、書いたのは日本最大のシンクタンクである「日本総研」の主席研究員・河村小百合氏だ。その結論部分で、次のような衝撃的内容を掲載している。

わが国の現在の財政事情は、アイスランドが危機に突入した二〇〇八年時点よりもはるかに悪い。アイスランドと同様に、IMFを除けば、どこの国にも助けてもらえる立場にはないわが国は、おそらく、自力でまともな財政状態を回復できるまで『国内債務調整＋資本移動規制』状態を継続せざるを得なくなるだろう。その期間は、八年よりも相当長くなる可能性が高い。そのために必要な財政緊縮の幅も大きくならざるを得ず、追加図表４で示したようなアイスランドの例よりも、もっと大幅な増税を、幅広い税目について断行せざるを得なくなるだろう。
（プレジデントオンライン二〇二〇年一二月二四日付）

本書では引用文中の「追加図表４」にある細かい税率の引き上げ例は掲載しないが、アイスランドの二〇〇八年の金融危機＝国家破産以前の状況は、現在の日本とはまったく異なる。政府の借金は、名目ＧＤＰ比でたったの二七％、財政収支も五％の黒字という財政の超健全国だったのだ。それでも「預金引き出し制限」も含めた厳しい資本移動規制を、八年間も続けざるを得なかった。日本は、恐らく二〇年間は「引き出し制限」を続けざるを得ないのではないか。もうすでに六五歳を超えた高齢者の方々は、死ぬまで「月二〇万円しかおろせない時代」が続くということだ。「預金とは天国でお会いしましょう」ということになる。さらにロシアの例を見てもわかることは、先ほどの資本移動規制の二〇年とは別に、「猛烈な国家破産の〝暴風雨的状況〟が一〇年間続く」と覚悟すべきということだ。ロシアは、一九九一年にハイパーインフレに突入して国家破産の暴風雨に巻き込まれてから、それを抜け出すのにおよそ一〇年（二〇〇〇年までどうしようもなかった）かかっているのだ。

そこで、読者の皆さんにぜひ気を付けていただきたいのは、その暴風雨の合い間に「台風の目に入ったような束の間の晴れ間の時期」が出現するということだ。そこで「これで、すべてが終わった」と勘違いすると、その後にやってくるさらなる危機で全財産を失う破目《はめ》となる。実際ロシアでは、一九九一〜九三年までのハイパーインフレの後、徳政令を経て一度経済が大きく回復した。株価も八倍以上に上がり、景気も良くなった。新しくいろいろな銀行が雨後のタケノコのように出てきて、高い金利をエサに預金獲得競争を繰り広げた。これを見て、生き残った人々は安心して海外に避難させておいた預金も国内へ戻し、米ドルをルーブルに換えてロシアの銀行に預けた。

だがその後、いよいよ一九九八年の危機がやってくる。ロシアはデフォルトし、対外的には借金の返済停止、国内的には全銀行の閉鎖と全預金の没収、さらには銀行の貸し金庫内の資産没収というすさまじい徳政令を断行した。賢《かしこ》いと自分では思っていた資産家の中には、「預金は没収されるかもしれないが、貸し金庫内のものには手を付けないはずだ」と勝手に解釈して、最後の頼みの綱である金《きん》、ダイヤ、外国の株券、米ドル現金などを銀行の貸金庫に大切にしまっておいた。それらが、すべて政府に没収されたのだ。

その二年後の二〇〇〇年頃から、ロシアにとって重要な輸出品である原油価格が上昇したことによって、最悪期をやっと脱したのである。その期間は一〇年に達し、人々はその間、地獄の日々を送った。

二〇二五年頃から始まる日本の国家破産の行き着く果ては、どのようなものか。私が一番恐れているのは、次のようなシナリオだ——円が暴落し株価（日経平均）も暴落する中で、日本の上場企業の株価が海外から見れば大バーゲン状態となる。海外の通貨（米ドル、ユーロ、元）から見れば、日本の企業の株価は超割安となるのだ。ハゲタカがそれを放っておくはずがない。日本の優良企業を、アメリカや中国がどんどん買い漁って行くだろう。日本の美味しいところはすべて海外勢に買われて（不動産も含む）、この国は〝経済植民地〟に成り下がるしかない。

まさに〝第二の敗戦〟だ。一体、誰がその責任を取るのだろうか。

ここに、司馬遼太郎の遺言を取り上げたいと思う。彼が亡くなってからちょうど一年目に当たる頃、ＮＨＫが「司馬遼太郎は何を考えていたのか」という番組を放送した。確か、四五分くらいの番組だったと思うが、冒頭から終了間際の四〇分間ははっきり言って退屈そのものだった。「見なければよかった」と後悔したのを覚えている。

ところが、最後の五分間は腰が抜けるほど衝撃的だった。ＮＨＫのディレクターは最後の最後になって未亡人のみどりさんにマイクを向けたのだ。そこで、彼の数多くの作品の中にさえ出てこない司馬遼太郎の本音が出てきた。奥さんによると、亡くなる一年ほど前から司馬遼太郎は毎日、同じことを遺言のように言い続けたという——「この国は、このままでは必ず滅びる‼」と。

エピローグ

政府がちょっと手を貸せば
どんな馬鹿げたことでも大人数の国民が信じるようになる
（バートランド・ラッセル〈イギリスの哲学者・数学者〉）

二〇二五年に大転換点を迎えるにあたって

この世の中のあらゆる事象は常に揺れ動いており、刻一刻変化している。川の流れのように、時代も時間も流れて行き、あなたの周りのすべてのものを容赦なく変化させて行く。

そして数十年に一度、世の中を一変させるような〝大変動〟がやってきて、あなたの生活を根底からひっくり返してしまう。かつてシュンペーターが述べた「創造的破壊」の言葉通り、この日本にも四〇年×二倍の八〇年ごとに、巨大な破壊と再生の時が訪れている。

そして二〇二五年こそ、その大転換点にあたる重大な年なのだ。

さらに、転換点の直前には毎回、その時の政府の財政が悪化しており、その直後に「徳政令」が実施されていることも興味深い。どんな社会システムも政体も、そして文明ですら、その根底にあるパラダイムが古びて環境に合わなくなった時は、一瞬で崩壊し消え去っている。江戸幕府もそうであり、戦前の大日本帝国がそうであり、そして今行き詰まりを見せている「戦後の日本型システム」が、もうすぐその時期を迎えようとしている。環境の変化から取り残されたものは必ず滅びるのであり、今の日本がまさにそうだ。

ただし、その直接的キッカケが太陽嵐によるＩＴ社会の崩壊なのか、巨大天災なのか、はたまた台湾有事なのか――それは、歴史自体が今後私たちに恐るべき破壊力を伴って示してくれるだろう。いずれにせよ、その結果日本の財政が崩壊し、すさまじい国家破産がやってくることだけは間違いない。

その日のために、あなたは次の二つを実行しなければならない。一つは「食糧備蓄」をはじめとするその他の「生活防衛」であり、二つ目は老後を守るための「資産防衛」である。それをしっかり実行した者にのみ、幸運の女神は微笑むことだろう。皆さんの御健闘を祈る。

二〇二四年一〇月吉日

浅井　隆

追伸　皆様の大切な老後資金を守るために、いくつかの会員制クラブをご用意しました。詳しくは巻末の二一六ページをご参照下さい。

■今後、『国家破産であなたの老後資金はどうなる!?〈上〉〈下〉』（すべて仮題）を順次出版予定です。ご期待下さい。

浅井隆からの重要なお知らせ

――恐慌および国家破産を勝ち残るための具体的ノウハウ

厳しい時代を賢く生き残るために必要な情報を収集するために

◆〝恐慌および国家破産対策〟の入口「経済トレンドレポート」

電子版も好評配信中！

皆様に特にお勧めしたいのが、浅井隆が取材した特殊な情報をいち早くお届けする「経済トレンドレポート」です。今まで、数多くの経済予測を的中させてきました。そうした特別な経済情報を年三三回（一〇日に一回）発行のレポートでお届けします。初心者や経済情報に慣れていない方にも読みやすい内容で、新聞やインターネットに先立つ情報や、大手マスコミとは異なる切り口からまとめた情報を掲載しています。
さらにその中で、恐慌、国家破産に関する『特別緊急警告』『恐慌警報』『国家破産警報』も流しております。「激動の二一世紀を生き残るために対策をしなければならないことは理解したが、何から手を付ければよいかわからない」「経済情報をタイムリーに得たいが、難しい内容には付いて行けない」という方は、最低でもこの経済トレンドレポートをご購読下さい。年間、約四万円で生き残るための情報を得られます。また、経済トレンドレポートの会員になられます

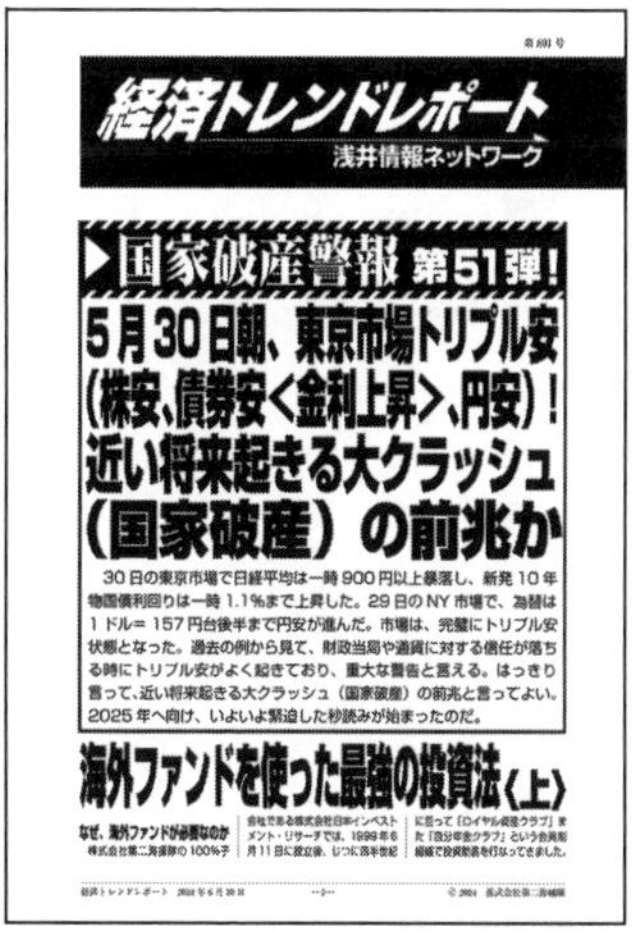
経済トレンドレポート
浅井情報ネットワーク

▶国家破産警報 第51弾！

5月30日朝、東京市場トリプル安（株安、債券安＜金利上昇＞、円安）！近い将来起きる大クラッシュ（国家破産）の前兆か

30日の東京市場で日経平均は一時900円以上暴落し、新発10年物国債利回りは一時1.1%まで上昇した。29日のNY市場で、為替は1ドル＝157円台後半まで円安が進んだ。市場は、完璧にトリプル安状態となった。過去の例から見て、財政当局や通貨に対する信任が落ちる時にトリプル安がよく起きており、重大な警告と言える。はっきり言って、近い将来起きる大クラッシュ（国家破産）の前兆と言ってよい。2025年へ向け、いよいよ緊迫した秒読みが始まったのだ。

海外ファンドを使った最強の投資法〈上〉

なぜ、海外ファンドが必要なのか

2024年6月10日号

経済トレンドレポート
浅井情報ネットワーク

▶国家破産警報 第54弾！

元IMF幹部から重大情報を入手「日本はいずれ地獄絵図を見ることになる！」

さる8月7日、都内某所で先日までIMFの幹部をしていた人物と極秘に会い、1時間ほどインタビューをすることに成功した。そこで、IMFの内部の情報を聞き出すことができたので以下に特別に掲載する。
彼はIMF（国際通貨基金）の中でも世界中の国家の財政状況を監視し、いざとなればその国に乗り込んで外科手術（一種の徳政令）をやる部隊（Fiscal Affairs Department）の幹部だった。その部門には400名のスタッフがいるが、その中の10名の幹部の1人だったという。

2024年8月30日号

「経済トレンドレポート」は情報収集の手始めとしてぜひお読みいただきたい。

と、当社主催の講演会など様々な割引・特典を受けられます。

■詳しいお問い合わせ先は、㈱第二海援隊　担当：島崎

TEL：〇三（三二九一）六一〇六　FAX：〇三（三二九一）六九〇〇

Eメール：info@dainikaientai.co.jp

ホームページアドレス：http://www.dainikaientai.co.jp/

恐慌・国家破産への実践的な対策を伝授する会員制クラブ

◆「自分年金クラブ」「ロイヤル資産クラブ」「プラチナクラブ」

国家破産対策を本格的に実践したい方にぜひお勧めしたいのが、第二海援隊の一〇〇％子会社「株式会社日本インベストメント・リサーチ」（関東財務局長（金商）第九二六号）が運営する三つの会員制クラブ（**「自分年金クラブ」「ロイヤル資産クラブ」「プラチナクラブ」**）です。

まず、この三つのクラブについて簡単にご紹介しましょう。**「自分年金クラブ」**は資産一〇〇〇万円未満の方向け、**「ロイヤル資産クラブ」**は資産一〇〇〇

万～数千万円程度の方向け、そして最高峰の**「プラチナクラブ」**は資産一億円以上の方向け（ご入会条件は資産五〇〇〇万円以上）で、それぞれの資産規模に応じた魅力的な海外ファンドの銘柄情報や、国内外の金融機関の活用法に関する情報を提供しています。

恐慌・国家破産は、なんと言っても海外ファンドや海外口座といった「海外の活用」が極めて有効な対策となります。特に海外ファンドについては、私たちは早くからその有効性に注目し、二〇年以上に亘って世界中の銘柄を調査してまいりました。本物の実力を持つ海外ファンドの中には、恐慌や国家破産といった有事に実力を発揮するのみならず、平時には資産運用としても魅力的なパフォーマンスを示すものがあります。こうした情報を厳選してお届けするのが、三つの会員制クラブの最大の特長です。

その一例をご紹介しましょう。三クラブ共通で情報提供する「ATファンド」は、年率五～七％程度の収益を安定的に挙げています。これは、たとえば年率七％なら三〇〇〇万円を預けると毎年約二一〇万円の収益を複利で得られ、およそ一〇年で資産が二倍になる計算となります。しかもこのファンドは、二〇一四年の運用開始から一度もマイナスを計上したことがないという、極めて優秀な運用実績を残しています。日本国内の投資信託などではとても信じられない数字ですが、世界中を見渡せばこうした優れた銘柄はまだまだあるのです。

冒頭にご紹介した三つのクラブでは、「ATファンド」をはじめとしてより高い収益力が期待できる銘柄や、恐慌などの有事により強い力を期待できる銘柄など、様々な魅力を持ったファンド情報をお届けしています。なお、資産規模が大きいクラブほど、取り扱い銘柄数も多くなっております。

また、ファンドだけでなく金融機関選びも極めて重要です。単に有事にも耐え得る高い信頼性というだけでなく、各種手数料の優遇や有利な金利が設定されている、日本に居ながらにして海外の市場と取引ができるなど、金融機関も様々な特長を持っています。こうした中から、各クラブでは資産規模に適した、魅力的な条件を持つ国内外の金融機関に関する情報を提供し、またその活用方法についてもアドバイスしています。

その他、国内外の金融ルールや国内税制などに関する情報など資産防衛に有用な様々な情報を発信、会員の皆様の資産に関するご相談にもお応えしております。浅井隆が長年研究・実践してきた国家破産対策のノウハウを、ぜひあなたの大切な資産防衛にお役立て下さい。

■詳しいお問い合わせは「㈱日本インベストメント・リサーチ」

TEL：〇三（三二九一）七二九一　FAX：〇三（三二九一）七二九二
Eメール：info@nihoninvest.co.jp

他にも第二海援隊独自の〝特別情報〟をご提供

◆浅井隆のナマの声が聞ける講演会

浅井隆の講演会を開催いたします。二〇二五年は東京・一月一八日（土）（以下、地方未定）で予定しております。経済の最新情報をお伝えすると共に、生き残りの具体的な対策を詳しく、わかりやすく解説いたします。

活字では伝えることのできない、肉声による貴重な情報にご期待下さい。

■詳しいお問い合わせ先は、㈱第二海援隊
TEL：〇三（三二九一）六一〇六　FAX：〇三（三二九一）六九〇〇
Eメール：info@dainikaientai.co.jp

◆「ダイヤモンド投資情報センター」

現物資産を持つことで資産保全を考える場合、小さくて軽いダイヤモンドは持ち運びも簡単で、大変有効な手段と言えます。近代画壇の巨匠・藤田嗣治は太平洋戦争後、混乱する世界を渡り歩く際、資産として持っていたダイヤモンドを絵の具のチューブに隠して持ち出し、渡航後の糧にしました。金《きん》（ゴールド）だけの資産防衛では不安という方は、ダイヤモンドを検討するのも一手でしょう。しかし、ダイヤモンドの場合、金《きん》とは違って公的な市場が存在せず、専門の鑑定士がダイヤモンドの品質をそれぞれ一点ずつ評価して値段が決まるため、売り買いは金《きん》に比べるとかなり難しいという事情があります。そのため、信頼できる専門家や取り扱い店と巡り合えるかが、ダイヤモンドでの資産保全の成否のわかれ目です。

そこで、信頼できるルートを確保し業者間価格の数割引という価格（デパートの宝飾品売り場の価格の三分の一程度）での購入が可能で、ＧＩＡ（米国宝石学会）の鑑定書付きという海外に持ち運んでも適正価格での売却が可能な条件を備えたダイヤモンドの売買ができる情報を提供いたします。

ご関心がある方は「ダイヤモンド投資情報センター」にお問い合わせ下さい。
■お問い合わせ先：㈱第二海援隊　ＴＥＬ：〇三（三二九一）六一〇六　担当：齋藤
Ｅメール：info@dainikaientai.co.jp

◆第二海援隊ホームページ

第二海援隊では様々な情報をインターネット上でも提供しております。詳しくは「第二海援隊ホームページ」をご覧下さい。私ども第二海援隊グループは、皆様の大切な財産を経済変動や国家破産から守り殖やすためのあらゆる情報提供とお手伝いを全力で行ないます。

また、浅井隆によるコラム「天国と地獄」を連載中です。経済を中心に長期的な視野に立って浅井隆の海外をはじめ現地生取材の様子をレポートするなど、独自の視点からオリジナリティあふれる内容をお届けします。

■ホームページアドレス： http://www.dainikaientai.co.jp/

第二海援隊
HPはこちら

◆浅井隆が「YouTube」を始めました

（株）第二海援隊の代表であり経済ジャーナリストの浅井隆がいよいよYouTubeを始めます。浅井隆がYouTubeで伝えたいこととは？　情報が氾濫する昨今、間違った言説に飛び付くと一夜にして全財産を失うこともあります。二〇〇〇年代から「国家破産」を警告する浅井隆が、今こそ声を大にして警鐘を鳴らします。

ぜひ、インターネットで「YouTube　第二海援隊」と検索してみてください。

浅井隆
YouTubeは
こちら

また、お使いのスマホなどで右の二次元バーコードを読み込むと、「第二海援隊のYouTubeチャンネル」に飛ぶことができます。

株で資産を作れる時代がやってきた！〝四つの株投資クラブ〟のご案内

一「㊙株情報クラブ」

「㊙株情報クラブ」は、普通なかなか入手困難な日経平均の大きなトレンド、現物個別銘柄についての特殊な情報を少人数限定の会員制で提供するものです。目標は、提供した情報の八割が予想通りの結果を生み、会員の皆様の資産が中長期的に大きく殖えることです。そのために、日経平均については著名な「カギ足」アナリストの川上明氏が開発した「T1システム」による情報提供を行ないます。川上氏はこれまでも多くの日経平均の大転換を当てていますので、これからも当クラブに入会された方の大きな力になると思います。

また、その他の現物株（個別銘柄）については短期と中長期の二種類にわけて情報提供を行ないます。短期については川上明氏開発の「T14」「T16」という二つのシステムにより日本の上場銘柄をすべて追跡・監視し、特殊な買いサインが出ると即買いの情報を提供いたします。そして、買った値段から一〇％上昇したら即売却していただき、利益を確定します。この「T14」「T16」は、これまでのところ当たった実績が九八％という驚異的なものとなっております（二〇一五年一月～二〇二〇年六月におけるシミュレーション）。

さらに中長期的銘柄としては、浅井の特殊な人脈数人が選び抜いた日・米・中三ヵ国の成長銘柄を情報提供いたします。

クラブは二〇二一年六月よりサービスを開始しており、すでに会員の皆様へ有用な情報をお届けしております。なお、「㊙株情報クラブ」「ボロ株クラブ」の内容説明会を収録したＣＤを二〇〇〇円（送料込み）にてお送りしますのでお問い合わせ下さい。

皆様の資産を大きく殖やすという目的のこのクラブは、皆様に大変有益な情報提供ができると確信しております。奮ってご参加下さい。

■お問い合わせ先：㈱日本インベストメント・リサーチ「㊙株情報クラブ」
TEL：〇三（三二九一）七二九一　FAX：〇三（三二九一）七二九二
Eメール：info@nihoninvest.co.jp

二「ボロ株クラブ」

「ボロ株」とは、主に株価が一〇〇円以下の銘柄を指します。何らかの理由で売り叩かれ、投資家から相手にされなくなった〝わけアリ〟の銘柄もたくさんあり、証券会社の営業マンがお勧めすることもありませんが、私たちはそこにこそ収益機会があると確信しています。

過去一〇年、〝株〟と聞くと多くの方は成長の著しいアメリカの一九六〇年代の西部劇『荒野の七人』に登場したガンマンたちのように、「マグニフィセント・セブン」（超大型七銘柄。アップル、マイクロソフト、アルファベット、アマゾン・ドット・コム、エヌビディア、テスラ、メタ・プラットフォームズ。一九六〇年代の西部劇『荒野の七人』に登場したガンマンたちから名付けられた）高成長ハイテク企業の銘柄を思い浮かべるのではないでしょうか。実際、これらハイテク銘柄の騰勢は目を見張るほどでした。

一方で、「人の行く裏に道あり花の山」という相場の格言があります。「人はとかく群集心理で動きがちだ。いわゆる付和雷同である。ところが、それでは大きな成功は得られない。むしろ他人とは反対のことをやった方が、うまく行く場合が多い」とこの格言は説いています。

すなわち、私たちはなかば見捨てられた銘柄にこそ大きなチャンスが眠っていると考えています。実際、「ボロ株」はしばしば大化けします。ボロ株クラブは二〇二一年六月より始動していますが、小型銘柄（ボロ株）を中心として数々の実績を残しています。過去のデータが欲しいという方は当クラブまでお電話下さい。

もちろん、やみくもに「ボロ株」を推奨して行くということではありません。弊社が懇意にしている「カギ足」アナリスト川上明氏の分析を中心に、さらには同氏が開発した自動売買判断システム「ＫＡＩ―解―」からの情報も取り入れ、短中長期すべてをカバーしたお勧めの取引（銘柄）をご紹介します。

構想から開発までに十数年を要した「ＫＡＩ」には、すでに多くの判断システムが組み込まれていますが、「ボロ株クラブ」ではその中から「Ｔ８」というシステムによる情報を取り入れています。Ｔ８の戦略を端的に説明しますと、「ある銘柄が急騰し、その後に反落、そしてさらにその後のリバウンド（反騰）を狙う」となります。

これら情報を複合的に活用することで、ＮＩＳＡ（少額投資非課税制度）を利用しての年率四〇％リターンも可能だと考えています。年会費も第二海援隊グループの会員の皆様にはそれぞれ割引サービスをご用意しております。詳しくは、お問い合わせ下さい。また、「ボロ株」の「時価総額や出来高が少ない」という性質上、無制限に会員様を募ることができません。一〇〇名を募集上限（第一次募集）とします。
■お問い合わせ先：㈱日本インベストメント・リサーチ「ボロ株クラブ」
ＴＥＬ：〇三（三二九一）七二九一　ＦＡＸ：〇三（三二九一）七二九二

Eメール：info@nihoninvest.co.jp

三　「日米成長株投資クラブ」

いまや世界経済は「高インフレ・高金利」に突入しています。大切な資産の防衛・運用も、この世界的トレンドに合わせて考え、取り組むことが重要です。

高インフレ時代には、「守り」の運用だけでは不十分です。リスクを取り、積極的な投資行動を取ることも極めて重要となるのです。この観点からも、「株式投資」はこれからの時代に取り組むべき重要な投資分野と言えます。

浅井隆は、インフレ時代の到来と株式投資の有効性に着目し、二〇一八年から「日米成長株投資クラブ」にて株式に関する情報提供、助言を行なってきました。現代最高の投資家であるウォーレン・バフェット氏とジョージ・ソロス氏の投資哲学を参考として、優良銘柄をじっくり保有するバフェット的発想と、経済トレンドを見据えた大局観の投資判断を行なうソロス的手法によって、「一〇年後に資産一〇倍」を目指して行きます。

経済トレンドについては、テクニカル分析の専門家・川上明氏の「カギ足分析」に加えて、経済トレンドの分析を長年行なってきた浅井隆の知見も融合して行きます。特に、三〇年強で約七割の驚異的な勝率を誇る川上氏の分析は非常に興味深いものがあります。

個別銘柄については、発足以来数多くの銘柄情報にて良好な成績を残しており、会員の皆様に収益機会となる情報をお届けしています。銘柄は低位小型株から比較的大型のものまで幅広く、短期的に連日ストップ高を記録した銘柄もあります。

皆様にはこうした情報を十分に活用していただき、大激動をチャンスに変えて大いに資産形成を成功させていただきたいと考えております。ぜひこの機会を逃さずにお問い合わせ下さい。サービス内容は以下の通りです。

1. 浅井隆、川上明氏（テクニカル分析専門家）が厳選する国内の有望銘柄の情報提供
2. 株価暴落の予兆を分析し、株式売却タイミングを速報

3．日経平均先物、国債先物、為替先物の売り転換、買い転換タイミングを速報
4．バフェット的発想による、日米の超有望成長株銘柄を情報提供
詳しいお問い合わせは「㈱日本インベストメント・リサーチ」
TEL：〇三（三二九一）七二九一　FAX：〇三（三二九一）七二九二
Eメール：info@nihoninvest.co.jp

四「オプション研究会」

二〇二〇年代は、新型コロナウイルスの世界的流行、ロシアのウクライナ侵攻、中東情勢の緊迫化など「激動の時代」になりつつあります。日本においても、財政危機リスクや台湾有事などの地政学リスク、さらに巨大地震や火山噴火などの天災リスクを抱え、非常に困難な時代となることが予想されます。

こうした激動期には、大切な資産も大きなダメージを受けることとなりますが、その一方で激動を逆手に取ることで「千載一遇の投資のチャンス」をつか

むことも可能となります。その極めて有望な方法の一つが、「オプション取引」です。

「オプション取引」では、短期的な市場の動きに大きく反応し、元本の数十～一〇〇〇倍以上もの利益を生むこともあります。この大きな収益機会は、実は巨大な損失リスクを負わずに、損失リスクを限定しながらつかむことができるのです。激動の時代には、「オプション取引」でこうした巨大な収益機会がたびたび生まれることになります。市場の暴落時のみならず、急落からの大反騰時にもチャンスが生じるため、平時と比べても取り組む価値は高いと言えます。

「オプション取引」の重要なポイントを簡単にまとめます。

- 非常に短期（数日～一週間程度）で、数十倍～数百倍の利益獲得も可能
- 「買い建て」限定にすると、損失は投資額に限定できる
- 恐慌、国家破産など市場が激動するほど収益機会は増える
- 最低投資額は一〇〇〇円（取引手数料は別途）
- 株やFXと異なり、注目すべき銘柄は基本的に「日経平均株価」の動きのみ

・給与や年金とは分離して課税される（税率約二〇％）

極めて魅力的な「オプション取引」ですが、投資にあたっては取引方法に習熟することが必須です。オプションの知識の他、パソコンやスマホによる取引操作の習熟が大きなカギとなります。

もし、これからの激動期を「オプション取引」で挑んでみたいとお考えであれば、第二海援隊グループがその習熟を「情報」と「助言」で強力に支援いたします。「オプション研究会」では、「オプション取引」はおろか株式投資など他の投資経験もないという方にも、取引操作から基本知識、さらに投資の心構え、市況変化に対する考え方や収益機会のとらえ方など、初歩的な事柄から実践までを懇切丁寧に指導いたします。

さらに、「オプション研究会」では、「三〇％複利戦法」をはじめとして参考となる投資戦略も情報提供しています。こうした戦略もうまく活用することで、「オプション取引」の魅力を実感していただきます。

これからの激動の時代を、チャンスに変えたいとお考えの方のご入会を心よりお待ちしております。
※なお、オプション研究会のご入会には、「日米成長株投資クラブ」の会員であることが条件となります。また、ご入会時には当社規定に基づく審査があります。あらかじめご了承下さい。
「㈱日本インベストメント・リサーチ オプション研究会」担当 山内・稲垣・関
TEL：〇三（三二九一）七二九一 FAX：〇三（三二九一）七二九二
Eメール：info@nihoninvest.co.jp

◆「オプション取引」習熟への近道を知るための「セミナーDVD」発売中（二〇二四年五月二四日収録版）

「オプション取引について詳しく知りたい」「『オプション研究会』について理解を深めたい」という方のために、その概要を知ることができる「DVD／CD／動画配信」を用意しています。
■「オプション説明会 DVD／CD／動画配信」■

「オプション説明会」の模様を収録したDVD／CD／動画配信です。浅井隆が信頼する相場のチャート分析を行なう川上明先生にもご登壇いただきました。ぜひご入手下さい。

価格（DVD／CD／動画配信）三〇〇〇円（送料込）

■「オプション研究会」に関するお問い合わせは「第二海援隊　オプション研究会　担当」まで。

TEL：〇三（三二九一）七二九一　FAX：〇三（三二九一）七二九二

Eメール：info@nihoninvest.co.jp

◆浅井隆が発行人となる新ウェブサイト「インテリジェンス・ニッポン」配信開始

山積する日本の課題を克服するため、問題の所在を解明し、解決策を示して行くオピニオン・メディアを創りたい。この長年の浅井隆の夢が、二〇二四年七月に実現しました。

新ウェブサイトは「インテリジェンス・ニッポン」です。

「インテリジェンス（Intelligence）」は「（優れた）知性」を意味します。政治経済はじめ様々な分野で行き詰まっている日本について、冷静に、総合的に、まさに「インテリジェンス」を持って考え、「新生日本」を目指す解決の方向を示して行こうというのが、このウェブサイトです。

浅井はじめ大手新聞社や出版社のベテラン編集者が、時代の本質を的確にとらえた論者や評論、ニュースをわかりやすく紹介します。テーマは広い意味での政治、経済を二本柱とし、教育、文化など幅広く取り上げます。原則として毎月二回更新（第二、第四木曜）し、誰でも無料でアクセスできます。

ぜひ一度ご覧になって下さい。

■ホームページアドレス：http://www.intelligence-nippon.jp/

インテリジェンス・ニッポンHPはこちら

■経済ジャーナリストとして

国際軍事関係の取材を続ける中、「冷戦も終わり、これからは軍事ではなく経済の時代」という友人の編集者の言葉が転機となり、経済に関する勉強を重ねる。1990年東京市場暴落の謎に迫る取材で、一大センセーションを巻き起こす。当時、一般には知られていない最新の金融技術を使って利益を上げた、バブル崩壊の仕掛け人の存在を暴露するレポート記事を雑誌に発表。当初は誰にも理解されなかったが、真相が知れ渡るにつれ、当時の大蔵省官僚からも注目されるほどになった。これをきっかけに、経済ジャーナリストとして、バブル崩壊後の超円高や平成不況の長期化、金融機関の破綻など数々の経済予測を的中させたベストセラーを多発した。

■独立

1993年「大不況サバイバル読本—'95年から始まる"危機"を生き残るために」が十数万部のベストセラーとなり、独立を決意。1994年に毎日新聞社を退社し、浅井隆事務所を設立。執筆・講演会・勉強会などの活動を行なう。

■（株）第二海援隊設立

1996年、従来にない形態の総合情報商社「第二海援隊」を設立。以後その経営に携わる一方、精力的に執筆・講演活動を続ける。2005年7月、日本を改革・再生することを唯一の事業目的とする日本初の株式会社「再生日本２１」を立ち上げる。

■主な著書

『大不況サバイバル読本』『日本発、世界大恐慌！』（徳間書店）『95年の衝撃』（総合法令出版）『勝ち組の経済学』（小学館文庫）『次にくる波』（PHP研究所）『HuMan Destiny』（『9・11と金融危機はなぜ起きたか!?〈上〉〈下〉』英訳）『いよいよ政府があなたの財産を奪いにやってくる!?』『徴兵・核武装論〈上〉〈下〉』『最後のバブルそして金融崩壊『国家破産ベネズエラ突撃取材』『都銀、ゆうちょ、農林中金まで危ない!?』『巨大インフレと国家破産』『年金ゼロでやる老後設計』『ボロ株投資で年率40%も夢じゃない!!』『2030年までに日経平均10万円、そして大インフレ襲来!!』『コロナでついに国家破産』『老後資金枯渇』『2022年インフレ大襲来』『2026年日本国破産〈警告編〉〈あなたの身に何が起きるか編〉〈現地突撃レポート編〉〈対策編・上／下〉』『極東有事——あなたの町と家族が狙われている！』『オレが香港ドルを暴落させる　ドル/円は150円経由200円へ！』『巨大食糧危機とガソリン200円突破』『2025年の大恐慌』『1ドル＝200円時代がやってくる!!』『ドル建て金持ち、円建て貧乏』『20年ほったらかして1億円の老後資金を作ろう！』『投資の王様』『国家破産ではなく国民破産だ！〈上〉〈下〉』『2025年の衝撃〈上〉〈下〉』『あなたの円が紙キレとなる日』『ドルの正しい持ち方』『超円安 国債崩壊 株大暴落』『株高は国家破産の前兆』『太陽嵐2025年』（第二海援隊）など多数。

〈著者略歴〉

浅井　隆　（あさい　たかし）

■学生時代

高校時代は理工系を志望。父と同じ技術者を目指していたが、「成長の限界」という本に出会い、強い衝撃を受ける。浅井は、この問題の解決こそ“人生の課題”という使命感を抱いた。この想いが後の第二海援隊設立につながる。人類の破滅を回避するためには、科学技術ではなく政治の力が必要だと考え、志望先を親に内緒で変えて早稲田大学政治経済学部に進む。在学中に環境問題を研究する「宇宙船地球号を守る会」などを主宰するも、「自分の知りたいことを本当に教えてくれる人はいない」と感じて大学を休学。「日本を語るにはまず西洋事情を知らなくては」と考え、海外放浪の旅に出る。この経験が「なんでも見てやろう、聞いてやろう」という“現場主義”の基礎になる。

■学生ビジネス時代

大学一年の時から学習塾を主宰。「日本がイヤになって」海外を半年間放浪するも、反対に「日本はなんて素晴らしい国なのだろう」と感じる。帰国後、日本の素晴らしさを子供たちに伝えるため、主催する学習塾で“日本の心”を伝える歴史学や道徳も教える。ユニークさが評判を呼び、学生ビジネスとして成功を収める。これが歴史観、道徳、志などを学ぶ勉強会、セミナーの原型となった。

■カメラマン時代

学生企業家として活躍する中、マスコミを通して世論を啓蒙して行こうと考え、大学７年生の時に中退。毎日新聞社に報道カメラマンとして入社。環境・社会問題の本質を突く報道を目指すも、スキャンダラスなニュースばかりを追うマスコミの姿勢に疑問を抱く。しかし先輩から、「自分の実力が新聞社の肩書きを上回るまで辞めてはならん」との言葉を受け発奮、世界を股にかける過酷な勤務をこなす傍ら、猛勉強に励みつつ独自の取材、執筆活動を展開する。冷戦下の当時、北米の核戦争用地下司令部「ＮＯＲＡＤ」を取材。
核問題の本質を突く取材をしようと、ＮＯＲＡＤ司令官に直接手紙を書いた。するとアメリカのマスコミでさえ容易に取材できないＮＯＲＡＤでは異例の取材許可が下りた。ところが上司からはその重要性を理解されず、取材費は出なかった。そこで浅井は夏休みを取り、経費はすべて自腹で取材を敢行。これが転機となって米軍関係者と個人的なコネクションができ、軍事関係の取材を精力的に行なう。

〈参考文献〉

【新聞・通信社】
『日本経済新聞』『朝日新聞』『ブルームバーグ』『ロイター』

【拙著】
『2017年の衝撃』（第二海援隊）
『世界恐慌か国家破産か〈サバイバル編〉』（第二海援隊）
『浅井隆の大予言〈上〉』（第二海援隊）
『国家破産ではなく、国民破産だ！』（第二海援隊）
『世界沈没』（第二海援隊）
『2025年の衝撃〈下〉』（第二海援隊）
『2026年日本国破産〈現地突撃レポート編〉〈対策編 上・下〉』（第二海援隊）
『株高は国家破産の前兆』（第二海援隊）
『太陽嵐2025年』（第二海援隊）

【論文】
『リスボン地震とその文明史的意義の考察　研究調査報告書』
（公益財団法人ひょうご震災記念21世紀研究機構研究調査本部）
『南海トラフ巨大地震　被害想定と対策』（内閣府　防災担当　企画官 中込淳）

【その他】
『ＮＨＫ』

【ホームページ】
フリー百科事典『ウィキペディア』『Youtube』『コトバンク』
『内閣府』『内閣府　防災情報のページ』『政府広報オンライン』
『地震調査研究推進本部（文部科学省研究開発局地震火山防災研究課）』
『日本銀行』『IMF』『国際決済銀行』『国際金融協会』『FNN オンライン』
『JICE（一般財団法人国土技術研究センター）』『プレジデントオンライン』
『日経ビジネス』『NPO法人 環境防災総合政策研究機構』
『東京大学大気海洋研究所』『駒澤大学』『富士山噴火.net』『太陽の科学館』
『ウォール・ストリート・ジャーナル』

2025年の大崩壊

2024年12月7日　初刷発行

著　者　浅井　隆
発行者　浅井　隆
発行所　株式会社　第二海援隊
〒101-0062
東京都千代田区神田駿河台２-５-１　住友不動産御茶ノ水ファーストビル８Ｆ
電話番号　03-3291-1821　　ＦＡＸ番号　03-3291-1820
印刷・製本／株式会社シナノ

ISBN978-4-86335-246-9

Printed in Japan

第二海援隊発足にあたって

日本は今、重大な転換期にさしかかっています。にもかかわらず、私たちはこの極東の島国の上で独りよがりのパラダイムにどっぷり浸かって、まだ太平の世を謳歌しています。

しかし、世界はもう動き始めています。その意味で、現在の日本はあまりにも「幕末」に似ているのです。ただ、今の日本人には幕末の日本人と比べて、決定的に欠けているものがあります。それこそ、志と理念です。現在の日本は世界一の債権大国（＝金持ち国家）に登り詰めはしましたが、人間の志と資質という点では、貧弱な国家になりはててしまいました。それこそが、最大の危機といえるかもしれません。

そこで私は「二十一世紀の海援隊」の必要性を是非提唱したいのです。今日本に必要なのは、技術でも資本でもありません。志をもって大変革を遂げることのできる人物と、それを支える情報です。まさに、情報こそ〝力〟なのです。そこで私は本物の情報を発信するための「総合情報商社」および「出版社」こそ、今の日本に最も必要と気付き、自らそれを興そうと決心したのです。

しかし、私一人の力では微力です。是非皆様の力をお貸しいただき、二十一世紀の日本のために少しでも前進できますようご支援、ご協力をお願い申し上げる次第です。

浅井　隆